ŒUVRES COMPLÈTES

DE

ALFRED DE MUSSET

—

TOME I

Imprimeries réunies, B, rue Mignon, 2.

OEUVRES COMPLÈTES

DE

ALFRED DE MUSSET

ÉDITION ORNÉE DE 28 GRAVURES

D'APRÈS LES DESSINS DE BIDA

D'UN PORTRAIT GRAVÉ PAR FLAMENG D'APRÈS L'ORIGINAL DE LANDELLE

ET ACCOMPAGNÉE D'UNE NOTICE SUR ALFRED DE MUSSET PAR SON FRÈRE

TOME PREMIER

POÉSIES

I

PARIS

ÉDITION CHARPENTIER

L. HÉBERT, LIBRAIRE

7, RUE PERRONET, 7

1888

POÉSIES

AU LECTEUR

Ce livre est toute ma jeunesse ;
Je l'ai fait sans presque y songer.
Il y paraît, je le confesse,
Et j'aurais pu le corriger.

Mais quand l'homme change sans cesse,
Au passé pourquoi rien changer ?
Va-t'en, pauvre oiseau passager ;
Que Dieu te mène à ton adresse !

Qui que tu sois, qui me liras,
Lis-en le plus que tu pourras,
Et ne me condamne qu'en somme.

Mes premiers vers sont d'un enfant,
Les seconds d'un adolescent,
Les derniers à peine d'un homme.

1840.

A MADAME B***

Quand je t'aimais, pour toi j'aurais donné ma vie :
Mais c'est toi, de t'aimer, toi qui m'ôtas l'envie.
A tes pièges d'un jour on ne me prendra plus ;
Tes ris sont maintenant et tes pleurs superflus.
Ainsi, lorsqu'à l'enfant la vieille salle obscure
Fait peur, il va tout nu décrocher quelque armure ;
Il s'enferme, il revient, tout palpitant d'effroi,
Dans sa chambre bien noire et dans son lit bien froid.
Et puis, lorsqu'au matin le jour vient à paraître,
Il trouve son fantôme aux plis de sa fenêtre,
Voit son arme inutile, il rit et, triomphant,
S'écrie : « Oh que j'ai peur ! oh que je suis enfant ! »

1828.

VENISE

Dans Venise la rouge,
Pas un bateau qui bouge*,
Pas un pêcheur dans l'eau,
    Pas un falot.

Seul, assis à la Grève,
Le grand lion soulève,
Sur l'horizon serein,
    Son pied d'airain.

Autour de lui, par groupes,
Navires et chaloupes,
Pareils à des hérons
    Couchés en ronds,

---

  * Dans la première édition in-8º (*Contes d'Espagne et d'Italie*), on lit : « Pas un cheval qui bouge ». On sait qu'il n'y a point de chevaux à Venise. L'auteur corrigea cette faute, lorsque ses poésies furent réimprimées, en 1840.

Dorment sur l'eau qui fume,
Et croisent dans la brume,
En légers tourbillons,
    Leurs pavillons.

La lune qui s'efface
Couvre son front, qui passe
D'un nuage étoilé
    Demi-voilé.

Ainsi, la dame abbesse
De Sainte-Croix rabaisse
Sa cape aux larges plis
    Sur son surplis.

Et les palais antiques,
Et les graves portiques,
Et les blancs escaliers
    Des chevaliers,

Et les ponts, et les rues,
Et les mornes statues,
Et le golfe mouvant
    Qui tremble au vent,

Tout se tait, fors les gardes
Aux longues hallebardes,
Qui veillent aux créneaux
    Des arsenaux.

— Ah! maintenant plus d'une
Attend, au clair de lune,
Quelque jeune muguet,
 L'oreille au guet.

Pour le bal qu'on prépare,
Plus d'une qui se pare,
Met devant son miroir
 Le masque noir.

Sur sa couche embaumée,
La Vanina pâmée
Presse encor son amant,
 En s'endormant;

Et Narcisa, la folle,
Au fond de sa gondole,
S'oublie en un festin
 Jusqu'au matin.

Et qui, dans l'Italie,
N'a son grain de folie?
Qui ne garde aux amours
 Ses plus beaux jours?

Laissons la vieille horloge,
Au palais du vieux doge,
Lui compter de ses nuits
 Les longs ennuis.

Comptons plutôt, ma belle,
Sur ta bouche rebelle
Tant de baisers donnés...
    Ou pardonnés.

Comptons plutôt tes charmes,
Comptons les douces larmes
Qu'à nos yeux a coûté
    La volupté !

                               1828.

STANCES

Que j'aime à voir dans la vallée
        Désolée,
Se lever comme un mausolée
Les quatre ailes d'un noir moutier!
Que j'aime à voir, près de l'austère
        Monastère,
Au seuil du baron feudataire,
La croix blanche et le bénitier!

Vous, des antiques Pyrénées
        Les aînées,
Vieilles églises décharnées,
Maigres et tristes monuments,
Vous que le temps n'a pu dissoudre,
        Ni la foudre,
De quelques grands monts mis en poudre
N'êtes-vous pas les ossements?

J'aime vos tours à tête grise,
      Où se brise
L'éclair qui passe avec la brise.
J'aime vos profonds escaliers
Qui, tournoyant dans les entrailles
      Des murailles,
A l'hymne éclatant des ouailles
Font répondre tous les piliers!

Oh! lorsque l'ouragan qui gagne
      La campagne,
Prend par les cheveux la montagne,
Que le temps d'automne jaunit,
Que j'aime, dans le bois qui crie
      Et se plie,
Les vieux clochers de l'abbaye,
Comme deux arbres de granit!

Que j'aime à voir, dans les vesprées
      Empourprées,
Jaillir en veines diaprées
Les rosaces d'or des couvents!
Oh! que j'aime, aux voûtes gothiques
      Des portiques,
Les vieux saints de pierre athlétiques
Priant tout bas pour les vivants!

1828.

Dessin de Bida — Gravé par Ballin

DON PAEZ

C'est lui, c'est Don Paez! Salut, mon bien-aimé!

Chant IV

CHARPENTIER ÉDITEUR

Imp. Ch. Chardon ainé — Paris

DON PAEZ

> I had been happy, if the general camp,
> Pioneers and all, had tasted her sweet body.
> So I had nothing known.
> OTHELLO.

I

Je n'ai jamais aimé, pour ma part, ces bégueules
Qui ne sauraient aller au Prado toutes seules,
Qu'une duègne toujours de quartier en quartier
Talonne, comme fait sa mule un muletier ;
Qui s'usent, à prier, les genoux et la lèvre,
Se courbant sur le grès, plus pâles, dans leur fièvre,
Qu'un homme qui, pieds nus, marche sur un serpent,
Ou qu'un faux monnayeur au moment qu'on le pend.
Certes, ces femmes-là, pour mener cette vie,
Portent un cœur châtré de toute noble envie ;
Elles n'ont pas de sang et pas d'entrailles. — Mais,
Sur ma tête et mes os, frère, je vous promets
Qu'elles valent encor quatre fois mieux que celles
Dont le temps se dépense en intrigues nouvelles.

Celles-là vont au bal, courent les rendez-vous,
Savent dans un manchon cacher un billet doux,
Serrer un ruban noir sur un beau flanc qui ploie,
Jeter d'un balcon d'or une échelle de soie,
Suivre l'imbroglio de ces amours mignons,
Poussés en une nuit comme des champignons;
Si charmantes, d'ailleurs! aimant en enragées
Les moustaches, les chiens, la valse et les dragées.
Mais, oh! la triste chose et l'étrange malheur,
Lorsque dans leurs filets tombe un homme de cœur!
Frère, mieux lui vaudrait, comme ce statuaire
Qui pressait dans ses bras son amante de pierre,
Réchauffer de baisers un marbre, mieux vaudrait
Une louve affamée en quelque âpre forêt.

Ce que je dis ici, je le prouve en exemple.
J'entre donc en matière, et, sans discours plus ample,
Écoutez une histoire :

                    Un mardi, cet été,
Vers deux heures de nuit, si vous aviez été
Place San-Bernardo, contre la jalousie
D'une fenêtre en brique, à frange cramoisie,
Et que, le cerveau mû de quelque esprit follet,
Vous eussiez regardé par le trou du volet,
Vous auriez vu, d'abord, une chambre tigrée,
De candélabres d'or ardemment éclairée;
Des marbres, des tapis montant jusqu'aux lambris;

Çà et là, les flacons d'un souper en débris ;
Des vins, mille parfums ; à terre, une mandore
Qu'on venait de quitter, et frémissant encore,
De même que le sein d'une femme frémit
Après qu'elle a dansé. — Tout était endormi ;
La lune se levait ; sa lueur souple et molle,
Glissant aux trèfles gris de l'ogive espagnole,
Sur les pâles velours et le marbre changeant
Mêlait aux flammes d'or ses longs rayons d'argent.
Si bien que, dans le coin le plus noir de la chambre,
Sur un lit incrusté de bois de rose et d'ambre,
En y regardant bien, frère, vous auriez pu,
Dans l'ombre transparente, entrevoir un pied nu.
— Certes, l'Espagne est grande, et les femmes d'Espagne
Sont belles ; mais il n'est château, ville ou campagne,
Qui, contre ce pied-là, n'eût en vain essayé
(Comme dans *Cendrillon*) de mesurer un pied.
Il était si petit, qu'un enfant l'eût pu prendre
Dans sa main. — N'allez pas, frère, vous en surprendre ;
La dame dont ici j'ai dessein de parler
Etait de ces beautés qu'on ne peut égaler :
Sourcils noirs, blanches mains, et pour la petitesse
De ses pieds, elle était Andalouse, et comtesse.

Cependant, les rideaux, autour d'elle tremblant,
La laissaient voir pâmée aux bras de son galant ;
Œil humide, bras morts, tout respirait en elle
Les langueurs de l'amour, et la rendait plus belle.

Sa tête avec ses seins roulait dans ses cheveux ;
Pendant que sur son corps mille traces de feux,
Que sa joue empourprée, et ses lèvres arides,
Qui se pressaient encor, comme en des baisers vides,
Et son cœur gros d'amour, plus fatigué qu'éteint,
Tout d'une folle nuit vous eût rendu certain.
Près d'elle, son amant, d'un œil plein de caresse,
Cherchant l'œil de faucon de sa jeune maîtresse,
Se penchait sur sa bouche, ardent à l'apaiser,
Et pour chaque sanglot lui rendait un baiser.
Ainsi passait le temps. — Sur la place moins sombre,
Déjà le blanc matin faisant grisonner l'ombre,
L'horloge d'un couvent s'ébranla lentement ;
Sur quoi le jouvenceau courut en un moment,
D'abord à son habit, ensuite à son épée ;
Puis, voyant sa beauté de pleurs toute trempée :
« Allons, mon adorée, un baiser, et bonsoir !
— Déjà partir, méchant ! — Bah ! je viendrai vous voir
Demain, midi sonnant ; adieu, mon amoureuse !
— Don Paez ! don Paez ! Certe, elle est bien heureuse,
La galante pour qui vous me laissez si tôt.
— Mauvaise ! vous savez qu'on m'attend au château.
Ma galante, ce soir, mort-Dieu ! c'est ma guérite.
— Eh ! pourquoi donc alors l'aller trouver si vite ?
Par quel serment d'enfer êtes-vous donc lié ?
— Il le faut. Laisse-moi baiser ton petit pied !
— Mais regardez un peu, qu'un lit de bois de rose,
Des fleurs, une maîtresse, une alcôve bien close,

Tout cela ne vaut pas, pour un fin cavalier,
Une vieille guérite au coin d'un vieux pilier!
— La belle épaule blanche, ô ma petite fée!
Voyons, un beau baiser! — Comme je suis coiffée!
Vous êtes un vilain. — La paix! Adieu, mon cœur;
Là, là, ne faites pas ce petit air boudeur.
Demain, c'est jour de fête; un tour de promenade,
Veux-tu? — Non, ma jument anglaise est trop malade.
— Adieu donc; que le diable emporte ta jument!
— Don Paez! mon amour, reste encor un moment.
— Ma charmante, allez-vous me faire une querelle?
Ah! je m'en vais si bien vous décoiffer, ma belle,
Qu'à vous peigner, demain, vous passerez un jour!
— Allez-vous-en, vilain! — Adieu, mon seul amour! »

Il jeta son manteau sur sa moustache blonde,
Et sortit; l'air était doux, et la nuit profonde;
Il détourna la rue à grands pas, et le bruit
De ses éperons d'or se perdit dans la nuit.

Oh! dans cette saison de verdeur et de force,
Où la chaude jeunesse, arbre à la rude écorce,
Couvre tout de son ombre, horizon et chemin,
Heureux, heureux celui qui frappe de la main
Le col d'un étalon rétif, ou qui caresse
Les seins étincelants d'une folle maîtresse!

II

Don Paez, l'arme au bras, est sur les arsenaux ;
Seul, en silence, il passe au revers des créneaux ;
On le voit comme un point ; il fume son cigare
En route, et d'heure en heure, au bruit de la fanfare,
Il mêle sa réponse au qui-vive effrayant
Que des lansquenets gris s'en vont partout criant.
Près de lui, çà et là, ses compagnons de guerre,
Les uns dans leurs manteaux s'endormant sur la terre,
D'autres jouant aux dés. — Propos, récits d'amours,
Et le vin (comme on pense), et les mauvais discours
N'y manquent pas. — Pendant que l'un fait, après boire,
Sur quelque brave fille une méchante histoire,
L'autre chante à demi, sur la table accoudé.
Celui-ci, de travers examinant son dé,
A chaque coup douteux grince dans sa moustache.
Celui-là, relevant le coin de son panache,
Fait le beau parleur, jure ; un autre, retroussant
Sa barbe à moitié rouge, aiguisée en croissant,
Se verse d'un poignet chancelant, et se grise
A la santé du roi, comme un chantre d'église.
Pourtant un maigre suif, allumé dans un coin,
Chancelle sur la nappe à chaque coup de poing.
Voici donc qu'au milieu des rixes, des injures,
Des bravos, des éclats qu'allument les gageures,

L'un d'eux : « Messieurs, dit-il, vous êtes gens du roi,
Braves gens, cavaliers volontaires. — Bon. — Moi,
Je vous déclare ici trois fois gredin et traître,
Celui qui ne va pas proclamer, reconnaître,
Que les plus belles mains qu'en ce chien de pays
On puisse voir encor de Burgos à Cadix,
Sont celles de doña Cazales, de Séville,
Laquelle est ma maîtresse, au dire de la ville ! »

Ces mots, à peine dits, causèrent un haro*
Qui du prochain couvent ébranla le carreau.
Il n'en fut pas un seul qui de bonne fortune
Ne se dit passé maître, et n'en vantât quelqu'une :
Celle-ci pour ses pieds, celle-là pour ses yeux ;
L'autre c'était la taille, et l'autre les cheveux.
Don Paez, cependant, debout et sans parole,
Souriait ; car, le sein plein d'une ivresse folle,
Il ne pouvait fermer ses paupières sans voir
Sa maîtresse passer, blanche avec un œil noir !

« Messieurs, cria d'abord notre moustache rousse,
La petite Inésille est la peau la plus douce
Où j'aie encor frotté ma barbe jusqu'ici.
— Monsieur, dit un voisin rabaissant son sourcil,
Vous ne connaissez pas l'Arabelle ; elle est brune

---

* On lit dans l'édition de 1830 :

On ne répliqua pas, car ce fut un haro.

Comme un jais. — Quant à moi, je n'en puis citer une,
Dit quelqu'un, j'en ai trois. — Frères, cria de loin
Un dragon jaune et bleu qui dormait dans du foin,
Vous m'avez éveillé ; je rêvais à ma belle.
— Vrai, mon petit ribaud ! dirent-ils, quelle est-elle ? »
Lui, bâillant à moitié : « Par Dieu ! c'est l'Orvado,
Dit-il, la Juana, place San-Bernardo. »

Dieu fit que don Paez l'entendit ; et la fièvre
Le prenant aux cheveux, il se mordit la lèvre :
« Tu viens là de lâcher quatre mots imprudents,
Mon cavalier, dit-il, car tu mens par tes dents !
La comtesse Juana d'Orvado n'a qu'un maître,
Tu peux le regarder, si tu veux le connaître.
— Vrai ? reprit le dragon ; lequel de nous ici
Se trompe ? Elle est à moi, cette comtesse, aussi.
— Toi ? s'écria Paez ; mousqueton d'écurie,
Prendras-tu ton épée, ou s'il faut qu'on t'en prie ?
Elle est à toi, dis-tu ? Don Étur ! sais-tu bien
Que j'ai suivi quatre ans son ombre comme un chien ?
Ce que j'ai fait ainsi, penses-tu que le fasse
Ce peu de hardiesse empreinte sur ta face,
Lorsque j'en saigne encore, et qu'à cette douleur
J'ai pris ce que mon front a gardé de pâleur ?
— Non, mais je sais qu'en tout, bouquets et sérénades,
Elle m'a bien coûté deux ou trois cents cruzades.
— Frère, ta langue est jeune et facile à mentir*.

---

*Et bien prompte à mentir. (Édition de 1830.)

—Ma main est jeune aussi, frère, et rude à sentir.
— Que je la sente donc, et garde que ta bouche
Ne se rouvre une fois, sinon je te la bouche
Avec ce poignard, traître, afin d'y renfoncer
Les faussetés d'enfer qui voudraient y passer.
—Oui-dà ! celui qui parle avec tant d'arrogance,
A défaut de son droit, prouve sa confiance* ;
Et quand avons-nous vu la belle ? Justement
Cette nuit ?
   — Ce matin.
      — Ta lèvre sûrement
N'a pas de ses baisers sitôt perdu la trace ?
— Je vais te les cracher, si tu veux, à la face.
— Et ceci, dit Étur, ne t'est pas inconnu ? »

Comme, à cette parole, il montrait son sein nu,
Don Paez, sur son cœur, vit une mèche noire
Que gardait sous du verre un médaillon d'ivoire ;
Mais dès que son regard, plus terrible et plus prompt
Qu'une flèche, eut atteint le redoutable don,
Il recula soudain de douleur et de haine,
Comme un taureau qu'un fer a piqué dans l'arène :
« Jeune homme, cria-t-il, as-tu dans quelque lieu
Une mère, une femme ? ou crois-tu pas en Dieu ?
Jure-moi par ton Dieu, par ta mère et ta femme,

---

* Au lieu de ces deux vers, on lit dans l'édition de 1830 :

  C'est un joli propos pour un coureur de filles!
  Pour un fin cortéjo, le bijou des Castilles.

Par tout ce que tu crains, par tout ce que ton âme
Peut avoir de candeur, de franchise et de foi,
Jure que ces cheveux sont à toi, rien qu'à toi !
Que tu ne les a pas volés à ma maîtresse,
Ni trouvés, — ni coupés par derrière à la messe !
— J'en jure, dit l'enfant, ma pipe et mon poignard.
— Bien ! reprit don Paez, le traînant à l'écart,
Viens ici, je te crois quelque vigueur à l'âme.
En as-tu ce qu'il faut pour tuer une femme ?
— Frère, dit don Étur, j'en ai trois fois assez
Pour donner leur paiement à tous serments faussés.
— Tu vois, prit don Paez, qu'il faut qu'un de nous meure.
Jurons donc que celui qui sera dans une heure
Debout, et qui verra le soleil de demain,
Tuera la Juana d'Orvado de sa main.
— Tope, dit le dragon, et qu'elle meure, comme
Il est vrai qu'elle va causer la mort d'un homme. »

Et sans vouloir pousser son discours plus avant,
Comme il disait ce mot, il mit la dague au vent.

Comme on voit dans l'été, sur les herbes fauchées,
Deux louves, remuant les feuilles desséchées,
S'arrêter face à face, et se montrer la dent ;
La rage les excite au combat ; cependant
Elles tournent en rond lentement, et s'attendent ;
Leurs mufles amaigris l'un vers l'autre se tendent.
Tels, et se renvoyant de plus sombres regards,

Les deux rivaux, penchés sur le bord des remparts,
S'observent; — par instants entre leur main rapide
S'allume sous l'acier un éclair homicide.
Tandis qu'à la lueur des flambeaux incertains,
Tous viennent à voix basse agiter leurs destins,
Eux, muets, haletants vers une mort hâtive,
Pareils à des pêcheurs courbés sur une rive,
Se poussent à l'attaque, et, prompts à riposter,
Par l'injure et le fer tâchent de s'exciter.
Étur est plus ardent, mais don Paez plus ferme.
Ainsi que sous son aile un cormoran s'enferme,
Tel il s'est enfermé sous sa dague; — le mur
Le soutient; à le voir, on dirait à coup sûr
Une pierre de plus dans les pierres gothiques
Qu'agitent les falots en spectres fantastiques.
Il attend. — Pour Étur, tantôt d'un pied hardi,
Comme un jeune jaguar, en criant il bondit;
Tantôt calme, à loisir il le touche et le raille,
Comme pour l'exciter à quitter la muraille.

Le manège fut long. — Pour plus d'un coup perdu,
Plus d'un bien adressé fut aussi bien rendu,
Et déjà leurs cuissards, où dégouttaient des larmes,
Laissaient voir clairement qu'ils saignaient sous leurs armes
Don Paez le premier, parmi tous ces débats,
Voyant qu'à ce métier ils n'en finissaient pas :
« A toi, dit-il, mon brave ! et que Dieu te pardonne ! »
Le coup fut mal porté, mais la botte était bonne;

Car c'était une botte à lui rompre du coup,
S'il l'avait attrapé, la tête avec le cou.
Étur l'évita donc, non sans peine, et l'épée
Se brisa sur le sol, dans son effort trompée.
Alors, chacun saisit au corps son ennemi,
Comme après un voyage on embrasse un ami.
— Heur et malheur ! On vit ces deux hommes s'étreindre
Si fort que l'un et l'autre ils faillirent s'éteindre,
Et qu'à peine leur cœur eut pour un battement
Ce qu'il fallait de place en cet embrassement.
— Effroyable baiser ! — où nul n'avait d'envie
Que de vivre assez long pour prendre une autre vie ;
Où chacun, en mourant, regardait l'autre, et si,
En le faisant râler, il râlait bien aussi ;
Où, pour trouver au cœur les routes les plus sûres,
Les mains avaient du fer, les bouches des morsures.
— Effroyable baiser ! — Le plus jeune en mourut.
Il blêmit tout à coup comme un mort, et l'on crut,
Quand on voulut après le tirer à la porte,
Qu'on ne pourrait jamais, tant l'étreinte était forte,
Des bras de l'homicide ôter le trépassé.
— C'est ainsi que mourut Étur de Guadassé.

Amour, fléau du monde, exécrable folie,
Toi qu'un lien si frêle à la volupté lie,
Quand par tant d'autres nœuds tu tiens à la douleur,
Si jamais, par les yeux d'une femme sans cœur,
Tu peux m'entrer au ventre et m'empoisonner l'âme,

Ainsi que d'une plaie on arrache une lame,
Plutôt que comme un lâche on me voie en souffrir,
Je t'en arracherai, quand j'en devrais mourir.

III

Connaîtriez-vous point, frère, dans une rue
Déserte, une maison sans porte, à moitié nue,
Près des barrières, triste ; — on n'y voit jamais rien,
Sinon un pauvre enfant fouettant un maigre chien ;
Des lucarnes sans vitre, et par le vent cognées,
Qui pendent, comme font des toiles d'araignées ;
Des pignons délabrés, où glisse par moment
Un lézard au soleil ; — d'ailleurs, nul mouvement.
Ainsi qu'on voit souvent, sur le bord des marnières,
S'accroupir vers le soir de vieilles filandières,
Qui, d'une main calleuse agitant leur coton,
Faibles, sur leur genou laissent choir leur menton ;
De même l'on dirait que, par l'âge lassée,
Cette pauvre maison, honteuse et fracassée,
S'est accroupie un soir au bord de ce chemin.
C'est là que don Paez, le lendemain matin,
Se rendait. — Il monta les marches inégales,
Dont la mousse et le temps avaient rompu les dalles.
— Dans une chambre basse, après qu'il fut entré,
Il regarda d'abord d'un air mal assuré.
Point de lit au dedans. — Une fumée étrange

Seule dans ce taudis atteste qu'on y mange.
Ici, deux grands bahuts, des tabourets boiteux,
Cassant à tout propos quand on s'assoit sur eux;
— Des pots ; — mille haillons; — et sur la cheminée,
Où chantent les grillons, la nuit et la journée,
Quatre méchants portraits pendus, représentant
Des faces qui feraient fuir en enfer Satan.
« Femme, dit don Paez, es-tu là ? » Sur la porte
Pendait un vieux tapis de laine rousse, en sorte
Que le jour en tout point trouait le canevas ;
Pour l'écarter du mur, Paez leva le bras.

« Entre, » répond alors une voix éraillée.
Sur un mauvais grabat, de lambeaux habillée,
Une femme, pieds nus, découverte à moitié,
Gisait. — C'était horreur de la voir, — et pitié.
Peut-être qu'à vingt ans elle avait été belle ;
Mais un précoce automne avait passé sur elle ;
Et noire comme elle est, on dirait, à son teint,
Que sur son front hâlé ses cheveux ont déteint.
A vrai dire, c'était une fille de joie.
Vous l'eussiez vue un temps en basquine de soie,
Et l'on se retournait quand, avec son grelot,
La Belisa passait sur sa mule au galop.
C'étaient des boléros, des fleurs, des mascarades.
La misère aujourd'hui l'a prise. — Les alcades,
Connaissant le taudis pour triste et mal hanté,
La laissent sous son toit mourir par charité.

Là, depuis quelques ans, elle traîne une vie
Que soutient à grand'peine une sale industrie ;
Elle passe à Madrid pour sorcière, et les gens
Du peuple vont la voir à l'insu des sergents.

 Don Paez, cependant, hésitant à sa vue,
Elle lui tend les bras, et sur sa gorge nue,
Qui se levait encor pour un embrassement,
Elle veut l'attirer.

DON PAEZ.

    Quatre mots seulement,
Vieille. — Me connais-tu? Prends cette bourse, et songe
Que je ne veux de toi ni conte ni mensonge.

BELISA.

De l'or, beau cavalier ? Je sais ce que tu veux ;
Quelque fille de France, avec de beaux cheveux
Bien blonds ! J'en connais une.

DON PAEZ.

      Elle perdrait sa peine ;
Je n'ai plus maintenant d'amour que pour ma haine.

BELISA.

Ta haine? Ah ! je comprends. — C'est quelque trahison ;
Ta belle t'a fait faute, et tu veux du poison.

DON PAEZ.

Du poison, j'en voulais d'abord. — Mais la blessure
D'un poignard est, je crois, plus profonde et plus sûre.

BELISA.

Mon fils, ta main est faible encor ; — tu manqueras

Ton coup, et mon poison ne le manquera pas.
Regarde comme il est vermeil ; il donne envie
D'y goûter ; — on dirait que c'est de l'eau-de-vie.

DON PAEZ.

Non. — Je ne voudrais pas, vois-tu, la voir mourir
Empoisonnée ; — on a trop longtemps à souffrir.
Il faudrait rester là deux heures, et peut-être
L'achever. — Ton poison, c'est une arme de traître ;
C'est un chat qui mutile et qui tue à plaisir
Un misérable rat dont il a le loisir ;
Et puis cet attirail, cette mort si cruelle,
Ces sanglots, ces hoquets. — Non, non ; elle est trop belle !
Elle mourra d'un coup.

BELISA.

Alors, que me veux-tu ?

DON PAEZ.

Écoute. — A-t-on raison de croire à la vertu
Des philtres ? — Dis-moi vrai.

BELISA.

Vois-tu sur cette planche
Ce flacon de couleur brune, où trempe une branche ?
Approches-en ta lèvre, et tu sauras après
Si les discours qu'on tient sur les philtres sont vrais.

DON PAEZ.

Donne. — Je vais t'ouvrir ici toute mon âme :
Après tout, vois-tu bien, je l'aime, cette femme.
Un cep, depuis cinq ans planté dans un rocher,
Tient encore assez ferme à qui veut l'arracher.

C'est ainsi, Belisa, qu'au cœur de ma pensée
Tient et résiste encor cette amour insensée.
Quoi qu'il en soit, il faut que je frappe. — Et j'ai peur
De trembler devant elle.

BELISA.

As-tu si peu de cœur?

DON PAEZ.

Elle mourra, sorcière, en m'embrassant.

BELISA.

Écoute.
Es-tu bien sûr de toi? Sais-tu ce qu'il en coûte
Pour boire ce breuvage?

DON PAEZ.

En meurt-on?

BELISA.

Tu seras
Tout d'abord comme pris de vin. — Tu sentiras
Tous tes esprits flottants, comme une langueur sourde
Jusqu'au fond de tes os, et ta tête si lourde
Que tu la croirais prête à choir à chaque pas. —
Tes yeux se lasseront, — et tu t'endormiras; —
Mais d'un sommeil de plomb, — sans mouvement, sans rêve
C'est pendant ce moment que le charme s'achève.
Dès qu'il aura cessé, mon fils, quand tu serais
Plus cassé qu'un vieillard, ou que dans les forêts
Sont ces vieux sapins morts qu'en marchant le pied brise,
Et que par les fossés s'en va poussant la bise,

Tu sentiras ton cœur bondir de volupté,
Et les anges du ciel marcher à ton côté !

DON PAEZ.

Et souffre-t-on beaucoup pour en mourir ensuite ?

BELISA.

Oui, mon fils.

DON PAEZ.

Donne-moi ce flacon. — Meurt-on vite ?

BELISA.

Non. — Lentement.

DON PAEZ.

Adieu, ma mère !

Le flacon
Vide, il le reposa sur le bord du balcon. —
Puis tout à coup, stupide, il tomba sur la dalle,
Comme un soldat blessé que renverse une balle.
« Viens, dit la Belisa l'attirant, viens dormir
Dans mes bras, et demain tu viendras y mourir. »

IV

Comme elle est belle au soir, aux rayons de la lune,
Peignant sur son col blanc sa chevelure brune !
Sous la tresse d'ébène on dirait, à la voir,
Une jeune guerrière avec un casque noir !
Son voile déroulé plie et s'affaisse à terre.
Comme elle est belle et noble ! et comme, avec mystère,

L'attente du plaisir et le moment venu
Font sous son collier d'or frissonner son sein nu!
Elle écoute. — Déjà, dressant mille fantômes,
La nuit comme un serpent se roule autour des dômes.
Madrid, de ses mulets écoutant les grelots,
Sur son fleuve endormi promène ses falots.
— On croirait que, féconde en rumeurs étouffées,
La ville s'est changée en un palais de fées,
Et que tous ces granits dentelant les clochers
Sont aux cimes des toits des follets accrochés.
La señora pourtant, contre sa jalousie,
Collant son front rêveur à sa vitre noircie,
Tressaille chaque fois que l'écho d'un pilier
Répète derrière elle un pas dans l'escalier.
— Oh! comme à cet instant bondit un cœur de femme!
Quand l'unique pensée où s'abîme son âme
Fuit et grandit sans cesse, et devant son désir
Recule comme une onde, impossible à saisir!
Alors, le souvenir excitant l'espérance,
L'attente d'être heureux devient une souffrance;
Et l'œil ne sonde plus qu'un gouffre éblouissant,
Pareil à ceux qu'en songe Alighieri descend.
Silence! — Voyez-vous, le long de cette rampe,
Jusqu'au faîte en grimpant tournoyer une lampe?
On s'arrête; — on l'éteint. — Un pas précipité
Retentit sur la dalle, et vient de ce côté.
— Ouvre la porte, Inès, et vois-tu pas, de grâce,
Au bas de la poterne un manteau gris qui passe?

Vois-tu sous le portail marcher un homme armé?
C'est lui, c'est don Paez! — Salut, mon bien-aimé!

DON PAEZ.

Salut; — que le Seigneur vous tienne sous son aide!

JUANA.

Êtes-vous donc si las, Paez, ou suis-je laide,
Que vous ne venez pas m'embrasser aujourd'hui?

DON PAEZ.

J'ai bu de l'eau-de-vie à dîner, je ne puis.

JUANA.

Qu'avez-vous, mon amour? pourquoi fermer la porte
Au verrou? don Paez a-t-il peur que je sorte?

DON PAEZ.

C'est plus aisé d'entrer que de sortir d'ici.

JUANA.

Vous êtes pâle, ô ciel! Pourquoi sourire ainsi?

DON PAEZ.

Tout à l'heure, en venant, je songeais qu'une femme
Qui trahit son amour, Juana, doit avoir l'âme
Faite de ce métal faux dont sont fabriqués
La mauvaise monnaie et les écus marqués.

JUANA.

Vous avez fait un rêve aujourd'hui, je suppose?

DON PAEZ.

Un rêve singulier. — Donc, pour suivre la chose,
Cette femme-là doit, disais-je, assurément,
Quelquefois se méprendre et se tromper d'amant.

JUANA.

M'oubliez-vous, Paez, et l'endroit où nous sommes?

DON PAEZ.

C'est un péché mortel, Juana, d'aimer deux hommes.

JUANA.

Hélas! rappelez-vous que vous parlez à moi.

DON PAEZ.

Oui, je me le rappelle; oui, par la sainte foi,
Comtesse!

JUANA.

Dieu! vrai Dieu! quelle folie étrange
Vous a frappé l'esprit, mon bien-aimé! mon ange!
C'est moi, c'est ta Juana. — Tu ne le connais pas,
Ce nom qu'hier encor tu disais dans mes bras?
Et nos serments, Paez, nos amours infinies!
Nos nuits, nos belles nuits! nos belles insomnies!
Et nos larmes, nos cris dans nos fureurs perdus!
Ah! mille fois malheur, il ne s'en souvient plus!

Et comme elle parlait ainsi, sa main ardente
Du jeune homme au hasard saisit la main pendante.
Vous l'eussiez vu soudain pâlir et reculer,
Comme un enfant transi qui vient de se brûler.
« Juana, murmura-t-il, tu l'as voulu! » Sa bouche
N'en put dire plus long; car déjà sur la couche
Ils se tordaient tous deux, et sous les baisers nus
Se brisaient les sanglots du fond du cœur venus.
Oh! comme, ensevelis dans leur amour profonde,

Ils oubliaient le jour, et la vie, et le monde !
C'est ainsi qu'un nocher, sur les flots écumeux,
Prend l'oubli de la terre à regarder les cieux !

Mais, silence ! écoutez. — Sur leur sein qui se froisse,
Pourquoi ce sombre éclair, avec ces cris d'angoisse ?
Tout se tait. — Qui les trouble ou qui les a surpris ?
— Pourquoi donc cet éclair, et pourquoi donc ces cris ?
— Qui le saura jamais ? — Sous une nue obscure
La lune a dérobé sa clarté faible et pure. —
Nul flambeau, nul témoin que la profonde nuit
Qui ne raconte pas les secrets qu'on lui dit*.
— Qui le saura ? — Pour moi, j'estime qu'une tombe
Est un asile sûr où l'espérance tombe,
Où pour l'éternité l'on croise les deux bras,
Et dont les endormis ne se réveillent pas.

1829.

---

* On lit dans l'édition de 1830 :

Nul flambeau, nul témoin. — D'ailleurs, quand il est nuit,
Dans le sein d'une femme un fer entre sans bruit.

LES
MARRONS DU FEU

PERSONNAGES

L'abbé Annibal Desiderio.
Rafael Garuci.
Palforio, hôtelier.
La Camargo, danseuse.
Lætitia, sa camériste.
Rose.
Cydalise.
Matelots, Valets, Musiciens, Porteurs, etc.

PROLOGUE

Mesdames et messieurs, c'est une comédie,
Laquelle, en vérité, ne dure pas longtemps ;
Seulement que nul bruit, nulle dame étourdie
Ne fasse aux beaux endroits tourner les assistants.
La pièce, à parler franc, est digne de Molière ;
Qui le pourrait nier ? Mon groom et ma portière,
Qui l'ont lue en entier, en ont été contents.

Le sujet vous plaira, seigneurs, si Dieu nous aide.
Deux beaux fils sont rivaux d'amour. La signora
Doit être jeune et belle, et si l'actrice est laide,
Veuillez bien l'excuser. — Or, il arrivera
Que les deux cavaliers, grands teneurs de rancune,
Vont ferrailler d'abord. — N'en ayez peur aucune;
Nous savons nous tuer, personne n'en mourra.

Mais ce que cette affaire amènera de suites,
C'est ce que vous saurez, si vous ne sifflez pas.
N'allez pas nous jeter surtout de pommes cuites
Pour mettre nos rideaux et nos quinquets à bas.
Nous avons pour le mieux repeint les galeries. —
Surtout, considérez, illustres seigneuries,
Comme l'auteur est jeune, et c'est son premier pas.

LES MARRONS DU FEU

> L'amour est la seule chose ici-bas qui ne veuille d'autre acheteur que lui-même. — C'est le trésor que je veux donner ou enfouir à jamais ; tel que ce marchand, qui, dédaignant tout l'or du Rialto, et se raillant des rois, jeta sa perle dans la mer, plutôt que de la vendre moins qu'elle ne valait.
> Schiller.

SCÈNE PREMIÈRE

Le bord de la mer. — Un orage.

UN MATELOT.

Au secours ! il se noie ! au secours, monsieur l'hôte !

PALFORIO.

Qu'est-ce ! qu'est-ce ?

LE MATELOT.

Un bateau d'échoué sur la côte.

PALFORIO.

Un bateau, juste ciel ! Dieu l'ait en sa merci !
C'est celui du seigneur Rafael Garuci.

En dehors.

Au secours !

LE MATELOT.

Ils sont trois ; on les voit se débattre.

PALFORIO.

Trois ! Jésus ! Courons vite, on nous paîra pour quatre
Si nous en tirons un. — Le seigneur Rafael !
Nul n'est plus magnifique et plus grand sous le ciel !

Exeunt. — Rafael est apporté, une guitare cassée à la main.

RAFAEL.

Ouf ! — A-t-on pas trouvé là-bas une ou deux femmes
Dans la mer* ?

DEUXIÈME MATELOT.

Oui, seigneur.

RAFAEL.

Ce sont deux bonnes âmes.
Si vous les retirez, vous me ferez plaisir.
Ouf !

Il s'évanouit.

DEUXIÈME MATELOT.

Sa main se raidit. — Il tremble. — Il va mourir.
Entrons-le là dedans.

Ils le portent dans une maison.

TROISIÈME MATELOT.

Jean, sais-tu qui demeure
Là !

JEAN.

C'est la Camargo, par ma barbe ! ou je meure.

TROISIÈME MATELOT.

La danseuse ?

---

* Dans le yacht ? (Édition de 1830.)

JEAN.

Oui, vraiment, la même qui jouait
Dans le Palais d'Amour.

PALFORIO, rentrant.

Messeigneurs, s'il vous plaît,
Le seigneur Rafael est-il hors, je vous prie ?

TROISIÈME MATELOT.

Oui, monsieur.

PALFORIO.

L'a-t-on mis dans mon hôtellerie,
Ce glorieux seigneur ?

TROISIÈME MATELOT.

Non ; on l'a mis ici.

UN VALET, sortant de la maison.

De la part du seigneur Rafael Garuci,
Remercîments à tous, et voilà de quoi boire.

MATELOTS.

Vive le Garuci !

PALFORIO.

Que Dieu serve sa gloire !
Cet excellent seigneur a-t-il rouvert les yeux,
S'il vous plaît ?

UN VALET.

Grand merci, mon brave homme, il va mieux
Holà ! retirez-vous ! Ma maîtresse vous prie
De laisser en repos dormir sa seigneurie.

SCÈNE II

Chez la Camargo.

RAFAEL, couché sur une chaise longue ; LA CAMARGO, assise.

CAMARGO.

Rafael, avouez que vous ne m'aimez plus.

RAFAEL.

Pourquoi ? — d'où vient cela ? — Vous me voyez perclus,
Salé comme un hareng ! — Suis-je, de grâce, un homme
A vous faire ma cour ? — Quand nous étions à Rome,
L'an passé —

CAMARGO.

Rafael, avouez, avouez
Que vous ne m'aimez plus.

RAFAEL.

Bon ! comme vous avez
L'esprit fait ! — Pensez-vous, madame, que j'oublie
Vos bontés ?

CAMARGO.

C'est le vrai défaut de l'Italie,
Que ses soleils de juin font l'amour passager.
— Quel était près de vous ce visage étranger
Dans ce yacht ?

RAFAEL.

Dans ce yacht ?

CAMARGO.

Oui.

RAFAEL.

C'était, je suppose,
Laure. —

CAMARGO.

Non. —

RAFAEL.

C'était donc la Cydalise, — ou Rose. —
Cela vous déplaît-il?

CAMARGO.

Nullement. — La moitié
D'un violent amour, c'est presque une amitié,
N'est-ce pas?

RAFAEL.

Je ne sais. D'où nous vient cette idée?
Philosopherons-nous?

CAMARGO.

Je ne suis pas fâchée
De vous voir. — A propos, je voulais vous prier
De me permettre —

RAFAEL.

A vous? — Quoi?

CAMARGO.

De me marier.

RAFAEL.

De vous marier?

CAMARGO.
Oui.

RAFAEL.
Tout de bon? — Sur mon âme,
Vous m'en voyez ravi. — Mariez-vous, madame !

CAMARGO.
Vous n'en aurez nulle ombre, et nul déplaisir?

RAFAEL.
Non. —
Et du nouvel époux peut-on dire le nom?
Foscoli, je suppose ?

CAMARGO.
Oui, Foscoli lui-même.

RAFAEL.
Parbleu ! j'en suis charmé; c'est un garçon que j'aime,
Bonne lignée, et qui vous aime fort aussi.

CAMARGO.
Et vous me pardonnez de vous quitter ainsi?

RAFAEL.
De grand cœur ! Écoutez, votre amitié m'est chère ;
Mais parlons franc. Deux ans ! c'est un peu long. Qu'y faire
C'est l'histoire du cœur. — Tout va si vite en lui !
Tout y meurt comme un son, tout, excepté l'ennui !
Moi qui vous dis ceci, que suis-je? une cervelle
Sans fond. — La tête court, et les pieds après elle ;
Et quand viennent les pieds, la tête au plus souvent
Est déjà lasse, et tourne où la pousse le vent !
Tenez, soyons amis, et plus de jalousie.

Mariez-vous. — Qui sait ? s'il nous vient fantaisie
De nous reprendre, eh bien ! nous nous reprendrons, — heir

CAMARGO.

Très bien.

RAFAEL.

Par saint Joseph ! je vous donne la main
Pour aller à l'église et monter en carrosse !
Vive l'hymen ! — Ceci, c'est mon présent de noce, —

Il l'embrasse.

Et j'y joindrai ceci, pour souvenir de moi.

CAMARGO.

Quoi ! votre éventail !

RAFAEL.

Oui. N'est-il pas beau, ma foi ?
Il est large à peu près comme un quartier de lune, —
Cousu d'or comme un paon, — frais et joyeux comme une
Aile de papillon, — incertain et changeant
Comme une femme. — Il a des paillettes d'argent
Comme Arlequin. — Gardez-le, il vous fera peut-être
Penser à moi ; c'est tout le portrait de son maître.

CAMARGO.

Le portrait en effet ! — O malédiction !
Misère* ! — Oh ! par le ciel, honte et dérision !...
Homme stupide, as-tu pu te prendre à ce piège
Que je t'avais tendu ? — Dis ! — Qui suis-je ? — Que fais-je ?
Va, tu parles avec un front mal essuyé

---

* Chaos. (Édition de 1830.)

De nos baisers d'hier. — Oh ! c'est honte et pitié !
Va, tu n'es qu'une brute, et tu n'as qu'une joie
Insensée, en pensant que je lâche ma proie !
Quand je devrais aller, nu-pieds, t'attendre au coin
Des bornes, si caché que tu sois et si loin,
J'irai. — Crains mon amour, Garuc', il est immense
Comme la mer ! — Ma fosse est ouverte, mais pense
Que je viendrai d'abord par le dos t'y pousser.
Qui peut lécher peut mordre, et qui peut embrasser
Peut étouffer. — Le front des taureaux en furie,
Dans un cirque, n'a pas la cinquième partie
De la force que Dieu met aux mains des mourants.
Oh ! je te montrerai si c'est après deux ans,
Deux ans de grincements de dents et d'insomnie,
Qu'une femme pour vous s'est tachée et honnie,
Qu'elle n'a plus au monde, et pour n'en mourir pas,
Que vous, que votre col où pendre ses deux bras,
Qu'elle porte un amour à fond, comme une lame*

---

* *Variante.*

>Qu'elle porte un amour à fond, comme une lame,
>Qu'on ne peut plus ôter *du cœur sans briser l'âme*,
>Et qu'elle a de son sang allaité nuit et jour
>Ainsi qu'un nourrisson ce redoutable amour,
>Si c'est alors qu'on dit à cette créature :
>« Jette au vent le poignard rouillé dans ta blessure ;
>Rouvre tes maigres bras, et, sur ton flanc meurtri,
>Étouffe, en souriant, ton nourrisson chéri. »

RAFAEL.

Vous êtes, ma chère âme, une mauvaise tête.

CAMARGO.

Laissez-moi, *laissez-moi, monsieur, ou je me jette*
Le front contre ce mur.

Torse, qu'on n'ôte plus du cœur sans briser l'âme ;
Si c'est alors qu'on peut la laisser, comme un vieux
Soulier qui n'est plus bon à rien.

RAFAEL.

Ah ! les beaux yeux !
Quand vous vous échauffez ainsi, comme vous êtes
Jolie !

CAMARGO.

Oh ! laissez-moi, monsieur, ou je me jette
Le front contre ce mur !

RAFAEL, l'attirant.

Là, là, modérez-vous.
Ce mur vous ferait mal ; ce fauteuil est plus doux.
Ne pleurez donc pas tant. — Ce que j'ai dit, mon ange,
Après votre demande, était-il donc étrange ?
Je croyais vous complaire, en vous parlant ainsi ;
Mais — je n'en pensais pas une parole.

CAMARGO.

Oh ! si !
Si, vous parliez franc.

RAFAEL.

Non. L'avez-vous bien pu croire ?
Vous me faisiez un conte, et j'ai fait une histoire.
Calmez-vous. — Je vous aime autant qu'au premier jour,
Ma belle ! — mon bijou ! — mon seul bien ! — mon amour !

CAMARGO.
Mon Dieu, pardonnez-lui, s'il me trompe !

RAFAEL.

Cruelle !
Doutez-vous de ma flamme, en vous voyant si belle ?
Il tourne la glace.
Dis, l'amour, qui t'a fait l'œil si noir, ayant fait
Le reste de ton corps d'une goutte de lait ?
Parbleu ! quand ce corps-là de sa prison s'échappe,
Gageons qu'il passerait par l'anneau d'or du pape !

CAMARGO.

Allez voir s'il ne vient personne.

RAFAEL, à part.

Ah ! quel ennui !

CAMARGO, seule un moment, le regardant s'éloigner.

— Cela ne se peut pas. — Je suis trompée ! Et lui
Se rit de moi. Son pas, son regard, sa parole,
Tout me le dit. Malheur ! Oh ! je suis une folle !

RAFAEL, revenant.

Tout se tait au dedans comme au dehors. — Ma foi,
Vous avez un jardin superbe.

CAMARGO.

Écoutez-moi ;
J'attends de votre amour une marque certaine.

RAFAEL.

On vous la donnera.

CAMARGO.

Ce soir je pars pour Vienne ;
M'y suivrez-vous ?

RAFAEL.

Ce soir ! — Était-ce pour cela
Qu'il fallait regarder si l'on venait ?

CAMARGO.

Holà !
Lætitia ! Lafleur ! Pascariel !

LÆTITIA, entrant.

Madame ?

CAMARGO.

Demandez des chevaux pour ce soir.

Exit Lætitia.

RAFAEL.

Sur mon âme,
Vous avez des vapeurs*, madame, assurément.

CAMARGO.

Me suivrez-vous ?

RAFAEL.

Ce soir ! à Vienne ? — Non vraiment,
Je ne puis.

CAMARGO.

Adieu donc, Garuci. Je vous laisse. —
Je pars seule. — Soyez plus heureux en maîtresse.

RAFAEL.

En maîtresse ? heureux ? moi ? — Ma parole d'honneur,
Je n'en ai jamais eu.

CAMARGO, hors d'elle.

Qu'étais-je donc ?

---

* Vos chevaux crèveront. (Édition de 1830.)

RAFAEL.

Mon cœur,
Ne recommencez pas à vous fâcher.

CAMARGO.

Et celle
De tantôt? Quels étaient ces gens? — Que faisait-elle,
Cette femme? — J'ai vu! — Voudrais-tu t'en cacher* ?
Quelque fille, à coup sûr. — J'irai lui cravacher
La figure!

RAFAEL.

Ah! tout beau, ma belle Bradamante.
Tout à l'heure, voyez, vous étiez si charmante.

CAMARGO.

Tout à l'heure j'étais insensée, — à présent
Je suis sage!

RAFAEL.

Eh! mon Dieu! l'on vous fâche en faisant
Vos plaisirs! — J'étais là, près de vous. — Vous me dites
D'aller là regarder si l'on vient. — Je vous quitte,
Je reviens. — Vous partez pour Vienne! Par la croix
De Jésus, qui saurait comment faire?

CAMARGO.

Autrefois,
Quand je te disais : « Va! » c'était à cette place !

Montrant son lit.

Tu t'y couchais — sans moi. — Tu m'appelais par grâce!

---

* On lit dans l'édition de 1830 :

*De tantôt? Quels étaient ces instruments? — Et quelle
Cette femme? — J'ai vu! — Me la veux-tu cacher?*

Moi, je ne venais pas. — Toi, tu priais. — Alors
J'approchais lentement, et tes bras étaient forts
Pour me faire tomber sur ton cœur ! — Mes caprices
Étaient suivis alors, — et tous étaient justices.
Tu ne te plaignais pas ; — c'était toi qui pleurais !
Toi qui devenais pâle, et toi qui me nommais
Ton inhumaine ! — Alors, étais-je ta maîtresse ?

RAFAEL, se jetant sur le lit.

Mon inhumaine, allons ! Ma reine ! ma déesse !
Je vous attends, voyons ! Les champs clos sont rompus !
M'osez-vous tenir tête ?

CAMARGO, dans ses bras.

Ah ! tu ne m'aimes plus !

SCÈNE III

Devant la maison de la Camargo.

L'ABBÉ ANNIBAL DESIDERIO, descendant de sa chaise.
MUSICIENS, PORTEURS.

L'ABBÉ.

Holà ! dites, marauds, — est-ce pas là que loge
La Camargo ?

UN PORTEUR.

Seigneur, c'est là. — Proche l'horloge
Saint-Vincent, tout devant ; ces rideaux que voici,
C'est sa chambre à coucher.

L'ABBÉ.

Voilà pour toi, merci.
Parbleu ! cette soirée est propice, et je pense
Que mes feux pourraient bien avoir leur récompense.
La lune ne va pas tarder à se lever ;
La chose au premier coup peut ici s'achever.
Têtebleu ! c'est le moins qu'un homme de ma sorte
Ne s'aille pas morfondre à garder une porte ;
Je ne suis pas des gens qu'on laisse s'enrouer.
— Or, vous autres coquins, qu'allez-vous nous jouer?
— Piano, signor basson ; — amoroso ! la dame
Est une oreille fine ! — Il faudrait à ma flamme
Quelque mi bémol, — hein? Je m'en vais me cacher
Sous ce contre-vent là ; c'est sa chambre à coucher,
N'est-ce pas ?

UN PORTEUR.

Oui, seigneur.

L'ABBÉ.

Je ne puis trop vous dire
D'aller bien lentement. — C'est un cruel martyre
Que le mien ! Têtebleu ! je me suis ruiné
Presque à moitié, le tout pour avoir trop donné
A mes divinités de soupers et d'aubades.

MUSICIENS.

Andantino, seigneur !

Musique.

L'ABBÉ.

Tous ces airs-là sont fades..

Chantez tout bonnement : « Belle Philis, » ou bien :
« Ma Clymène. »

    MUSICIENS.

    Allegro, seigneur !

Musique.

    L'ABBÉ.

        Je ne vois rien
A cette fenêtre. — Hum !

 La musique continue.

      Point. — C'est une barbare.
— Rien ne bouge. — Allons, toi, donne-moi ta guitare.

 Il prend une guitare.

Fi donc ! pouah !

 Il en prend une autre.

    Hum ! je vais chanter, moi. — Ces marauds
Se sont donné, je crois, le mot pour chanter faux.

 Il chante.

  Pour tant de peine et tant d'émoi...

Hum ! mi, mi, la.

  Pour tant de peine et tant d'émoi...

    Mi, mi. — Bon.

  Pour tant de peine et tant d'émoi,
  Où vous m'avez jeté, Clymène,
  Ne me soyez point inhumaine,
  Et, s'il se peut, secourez-moi,
    Pour tant de peine !

      Quoi ! rien ne remue !
Va-t-elle me laisser faire le pied de grue ?

Têtebleu ! nous verrons !
Il chante.

De tant de peine mon amour...

RAFAEL, sortant de la maison et s'arrêtant sur le pas de la porte.

Ah ! ah ! monsieur l'abbé
Desiderio ! — Parbleu ! vous êtes mal tombé.

L'ABBÉ.

Mal tombé, monsieur !—Mais pas si mal. Je vous chasse
Peut-être ?

RAFAEL.

Point du tout ; je vous laisse la place.
Sur ma parole, elle est bonne à prendre, et, de plus,
Toute chaude.

L'ABBÉ.

Monsieur, monsieur, pour faire abus
Des oreilles d'un homme, il ne faut pas une heure ; —
Il ne faut qu'un mot.

RAFAEL.

Vrai ? j'aurais cru, que je meure,
Les vôtres sur ce point moins promptes, aux façons
Dont les miennes d'abord avaient pris vos chansons.

L'ABBÉ.

Tête et ventre ! monsieur, faut-il qu'on vous les coupe ?

RAFAEL.

Là, tout beau, sire ! Il faut d'abord, moi, que je soupe.
Je ne me suis jamais battu sans y voir clair,
Ni couché sans souper.

L'ABBÉ.

Pour quelqu'un du bel air,
Vous sentez le mauvais soupeur, mon gentilhomme.

Le touchant.

Ce vieux surtout mouillé! Qu'est-ce donc qu'on vous nomme?

RAFAEL.

On me nomme seigneur Vide-bourse, casseur
De pots; c'est, en anglais, Blockhead, maître tueur
D'abbés. — Pour le seigneur Garuci, c'est son père
Le plus communément qui couche avec ma mère.

L'ABBÉ.

S'il y couche demain, il court, je lui prédis,
Risque d'avoir pour femme une mère sans fils.
Votre logis?

RAFAEL.

Hôtel du Dauphin bleu. La porte
A droite, au petit Parc.

L'ABBÉ.

Vos armes?

RAFAEL.

Peu m'importe;
Fer ou plomb, balle ou pointe.

L'ABBÉ.

Et votre heure?

RAFAEL.

Midi.

L'abbé le salue et retourne à sa chaise.

RAFAEL.

Ce petit abbé-là m'a l'air bien dégourdi.
Parbleu ! c'est un bon diable ; il faut que je l'invite
A souper. — Hé, monsieur, n'allez donc pas si vite !

L'ABBÉ.

Qu'est-ce, monsieur ?

RAFAEL.

    Vos gens s'ensauvent, comme si
La fièvre à leurs talons les emportait d'ici.
Demeurez pour l'amour de Dieu, que je vous pose
Un problème d'algèbre. — Est-ce pas une chose
Véritable, et que voit quiconque a l'esprit sain,
Que la table est au lit ce qu'est la poire au vin ?
De plus, deux gens de bien, à s'aller mettre en face
Sans s'être jamais vus, ont plus mauvaise grâce,
Assurément, que, quand il pleut, une catin
A descendre de fiacre en souliers de satin.
Donc, si vous m'en croyez, nous souperons ensemble ;
Nous nous connaîtrons mieux pour demain. Que t'en semble,
Abbé ?

L'ABBÉ.

  Parbleu ! marquis, je le veux, et j'y vais.

Il sort de sa chaise.

RAFAEL.

Voilà les musiciens qui sont déjà trouvés ;
Et pour la table, — holà, Palforio ! l'auberge !

Frappant.

Cette porte est plus rude à forcer qu'une vierge.

Palforio, manant tripier, sac à boyaux !
Vous verrez qu'à cette heure ils dorment, les bourreaux!

<small>Il jette une pierre dans la vitre.</small>

PALFORIO, à la fenêtre.

Quel est le bon plaisir de votre courtoisie ?

RAFAEL.

Fais-nous faire à souper. Certes, l'heure est choisie
Pour nous laisser ainsi casser tous tes carreaux!
Dépêche, sac à vin ! — Pardieu ! si j'étais gros
Comme un muid, comme toi, je dirais qu'on me porte
En guise d'écriteau sur le pas de ma porte ;
On saurait où me prendre au moins.

PALFORIO.

Excusez-moi,
Très excellent seigneur.

RAFAEL.

Allons, démène-toi.
Vite ! va mettre en l'air ta marmitonnerie.
Donne-nous ton meilleur vin et ta plus jolie
Servante ; embroche tout : tes oisons, tes poulets,
Tes veaux, tes chiens, tes chats, ta femme et tes valets!
— Toi, l'abbé, passe donc; en joie! et pour nous battre
Après, nous taperons, vive Dieu! comme quatre.

SCÈNE IV

La loge de la Camargo. On la chausse.

CAMARGO.

Il ira. — Laissez-moi seule et ne manquez pas
Qu'on me vienne avertir quand ce sera mon pas.

— C'est la règle, ô mon cœur ! — Il est sûr qu'une femme
Met dans une âme aimée une part de son âme.
Sinon, d'où pourrait-elle et pourquoi concevoir
La soif d'y revenir et l'horreur d'en déchoir ?
Au contraire un cœur d'homme est comme une marée
Fuyarde des endroits qui l'ont mieux attirée.
Voyez qu'en tout lien, l'amour à l'un grandit
Et par le temps empire, à l'autre refroidit.
L'un, ainsi qu'un cheval qu'on pique à la poitrine,
En insensé toujours contre la javeline
Avance, et se la pousse au cœur jusqu'à mourir.
L'autre, dès que ses flancs commencent à s'ouvrir,
Qu'il sent le froid du fer, et l'aride morsure
Aller chercher le cœur au fond de la blessure,
Il prend la fuite en lâche, et se sauve d'aimer. —
Ah ! que puissent mes yeux quelque part allumer
Une plaie à la mienne en misère semblable,
Et je serai plus dure et plus inexorable
Qu'un pauvre pour son chien, après qu'un jour entier
Il a dit : « Pour l'amour de Dieu ! » sans un denier.

— Suis-je pas belle encor? — Pour trois nuits mal dormies,
Ma joue est-elle creuse? ou mes lèvres blêmies?
Vrai Dieu! ne suis-je plus la Camargo? — Sait-on
Sous mon rouge, d'ailleurs, si je suis pâle ou non?
Va, je suis belle encor! C'est ton amour, perfide
Garuci, que déjà le temps efface et ride,
Non mon visage. — Un nain contrefait et boiteux,
Voulant jouer Phœbus, lui ressemblerait mieux,
Qu'aux façons d'une amour fidèle et bien gardée
L'allure d'une amour défaillante et fardée.
Ah! c'est de ce matin que ton cœur m'est connu,
Car en le déguisant tu me l'as mis à nu.
Certes, c'est un loisir magnifique et commode
Que la paisible ardeur d'une intrigue à la mode!
— Qu'est-ce, alors? — C'est un flot qui nous berce rêvant!
C'est l'ombre qui s'enfuit d'une fumée au vent!
Mais que l'ombre devienne un spectre, et que les ondes
S'enfoncent sous les pieds, vivantes et profondes,
Le mal aimant recule, et le bon reste seul.
Oh! que dans sa douleur ainsi qu'en un linceul
Il se couche à cette heure et dorme! La pensée
D'un homme est de plaisirs et d'oublis traversée;
Une femme ne vit et ne meurt que d'amour;
Elle songe une année à quoi lui pense un jour!

LÆTITIA, entrant.

Madame, on vous attend à la troisième scène.

CAMARGO.

Est-ce la Monanteuil, ce soir, qui fait la reine?

LÆTITIA.

Oui, madame, et monsieur de Monanteuil, Sylvain.

CAMARGO.

Fais porter cette lettre à l'hôtel du Dauphin.

SCÈNE V

Une salle à manger très riche.

GARUCI, à table avec L'ABBÉ ANNIBAL, MUSICIENS.

RAFAEL.

Oui, mon abbé, voilà comme, une après-dînée,
Je vis, pris et vainquis la Camargo, l'année
Dix-sept cent soixante-un de la nativité
De Notre-Seigneur.

L'ABBÉ.

    Triste, oh! triste, en vérité!

RAFAEL.

Triste, abbé? — Vous avez le vin triste? — Italie,
Voyez-vous, à mon sens, c'est la rime à folie.
Quant à mélancolie, elle sent trop les trous
Aux bas, le quatrième étage et les vieux sous.
On dit qu'elle a des gens qui se noient pour elle.
— Moi, je la noie.
 Il boit.

L'ABBÉ.

    Et quand vous eûtes cette belle
Camargo, vous l'aimiez fort?

RAFAEL.

      Oh! très fort; — et puis,
A vous dire le vrai, je m'y suis très bien pris.
Contre un doublon d'argent un cœur de fer s'émousse.
Ce fut, le premier mois, l'amitié la plus douce
Qui se puisse inventer. Je m'en allais la voir,
Comme ça, tout au saut du lit, — ou bien le soir,
Après le spectacle. — Oh! c'était une folie,
Dans ce temps-là! — Pauvre ange! — Elle était bien jolie.
Si bien qu'après un mois je cessai d'y venir.
Elle de remuer terre et ciel, — moi de fuir. —
Pourtant je fus trouvé; — reproches, pleurs, injure,
Le reste à l'avenant. — On me nomma parjure,
C'est le moins. — Je rompis tout net. — Bon. — Cependant
Nous nous allions fuyant et l'un l'autre oubliant. —
Un beau soir, je ne sais comment se fit l'affaire,
La lune se levait cette nuit-là si claire,
Le vent était si doux, l'air de Rome est si pur : —
C'était un petit bois qui côtoyait un mur,
Un petit sentier vert, — je le pris, — et, Jean comme
Devant, je m'en allai l'éveiller dans son somme.

L'ABBÉ.

Et vous l'avez reprise?

RAFAEL, cassant son verre.

      Aussi vrai que voilà
Un verre de cassé. — Mon amour s'en alla
Bientôt. — Que voulez-vous! moi, j'ai donné ma vie
A ce dieu fainéant qu'on nomme fantaisie.

C'est lui qui, triste ou fou, de face ou de profil,
Comme un polichinel me traîne au bout d'un fil ;
Lui qui tient les cordons de ma bourse et la guide
De mon cheval ; jaloux, badaud, constant, perfide,
En chasse au point du jour dimanche, et vendredi
Cloué sur l'oreiller jusque et passé midi.
Ainsi je vais en tout, — plus vain que la fumée
De ma pipe, — accrochant tous les pavés. — L'année
Dernière, j'étais fou de chiens d'abord, et puis
De femmes. — Maintenant, ma foi, je ne le suis
De rien. — J'en ai bien vu, des petites princesses !
La première surtout m'a mangé de caresses ;
Elle m'a tant baisé, pommadé, ballotté !
C'est fini, voyez-vous, — celle-là m'a gâté.
Quant à la Camargo, vous la pouvez bien prendre
Si le cœur vous en dit ; mais je me veux voir pendre
Plutôt que si ma main de sa nuque approchait.

L'ABBÉ.

Triste !

RAFAEL.

Encor triste, abbé ?

Aux musiciens.

Hé ! messieurs de l'archet,
En ut ! égayez donc un peu sa courtoisie.

Musique.

Ma foi ! voilà deux airs très beaux.

Il parle en se promenant, pendant que l'orchestre joue piano.

La poésie,

Voyez-vous, c'est bien. Mais la musique, c'est mieux.
Pardieu ! voilà deux airs qui sont délicieux ;
La langue sans gosier n'est rien. — Voyez le Dante ;
Son Séraphin doré ne parle pas, — il chante !
C'est la musique, moi, qui m'a fait croire en Dieu.
— Hardi, ferme, poussez ; crescendo !

        Mais, parbleu !
L'abbé s'est endormi. — Le voilà sous la table.
C'est vrai qu'il a le vin mélancolique en diable.
O doux, ô doux sommeil ! ô baume des esprits !
Reste sur lui, sommeil ! Dormir quand on est gris,
C'est, après le souper, le premier bien du monde.

    PALFORIO, entrant.

Une lettre, seigneur.

    RAFAEL, après avoir lu.

    Que le ciel la confonde !
Dites que je n'irai certes pas. Attendez !
Si — c'est cela — parbleu ! — je — non — si fait, restez.
Dites que l'on m'attende.

Exit Palforio.

      Hé, l'abbé ! Sur mon âme,
Il ronfle en enragé.

    L'ABBÉ.

    Pardonnez-moi, madame ;
Est-ce que je dormais ?

    RAFAEL.

    Hé ! voulez-vous avoir
La Camargo, l'ami ?

L'ABBÉ, se levant.

Tête et ventre ! ce soir ?

RAFAEL.

Ce soir même. — Écoutez bien : — Elle doit m'attendre
Avant minuit. — Il est onze heures, — il faut prendre
Mon habit,

L'Abbé se déboutonne.

Me donner le vôtre.

L'abbé ôte son manteau.

Vous irez
A la petite porte, et là vous tousserez
Deux fois ; toussez un peu.

L'ABBÉ.

Hum ! hum !

RAFAEL.

C'est à merveille
Nous sommes à peu près de stature pareille.
Changeons d'habit.

Ils changent.

Parbleu ! cet habit de cafard
Me donne l'encolure et l'air d'un escobard.
Le marquis Annibal ! l'abbé Garuci ! — Certe,
Le tour est des meilleurs. Or donc, la porte ouverte,
On vous introduira piano. — Mais n'allez pas
Perdre la tête là. — Prenez-la dans vos bras,
Et tout d'abord du poing renversez la chandelle.
L'alcôve est à main droite en entrant. — Pour la belle,
Elle ne dira mot, ne réponds rien.

L'ABBÉ.

J'y vais.
Marquis, c'est à la vie, à la mort. — Si jamais
Ma maîtresse te plaît, à tel jour, à telle heure
Que ce soit, écris-moi trois mots, et que je meure
Si tu ne l'as le soir!

Il sort.

RAFAEL, lui crie par la fenêtre.

L'abbé, si vous voulez
Qu'on vous prenne pour moi tout à fait, embrassez
La servante en entrant. — Holà! marauds, qu'on dise
A quelqu'un de m'aller chercher la Cydalise!

SCÈNE VI

Chez la Carmago.

CAMARGO, entrant.

Déchausse-moi. — J'étouffe! — A-t-on mis mon billet?

LÆTITIA.

Oui, madame.

CAMARGO.

Et qu'a-t-on répondu?

LÆTITIA.

Qu'il viendrait.

CAMARGO.

Était-il seul?

LÆTITIA.

Avec un abbé.

CAMARGO.

Qui se nomme...

LÆTITIA.

Je ne sais pas. — Un gros, joufflu, court, petit homme.

CAMARGO.

Lætitia?

LÆTITIA.

Madame?

CAMARGO.

Approchez un peu. — J'ai,
Depuis le mois dernier, bien pâli, bien changé,
N'est-ce pas? Je fais peur. — Je ne suis pas coiffée;
Et vous me serrez tant, je suis tout étouffée.

LÆTITIA.

Madame a le plus beau teint du monde ce soir.

CAMARGO.

Vous croyez? — Relevez ce rideau. — Viens t'asseoir
Près de moi. — Penses-tu, toi, que, pour une femme,
C'est un malheur d'aimer, — dans le fond de ton âme?

LÆTITIA.

Un malheur, quand on est riche!

L'ABBÉ, dans la rue.

Hum!

CAMARGO.

N'entends-tu pas
Qu'on a toussé? — Pourtant ce n'était point son pas.

LÆTITIA.

Madame, c'est sa voix. — Je vais ouvrir la porte.

CAMARGO.

Versez-moi ce flacon sur l'épaule.

<small>La Camargo reste un moment seule, en silence. Lætitia rentre accompagnée de l'abbé sous le manteau de Caruci, puis se retire aussitôt. Le coin du manteau accroche en passant la lampe et la renverse.</small>

L'ABBÉ, se jetant à son cou.

Oh !

<small>La Camargo est assise; elle se lève et va à son alcôve. L'abbé la suit dans l'obscurité. Elle se retourne et lui tend la main; il la saisit.</small>

CAMARGO.

Main forte !

Au secours ! ce n'est pas lui !

<small>Tous deux restent immobiles un instant.</small>

L'ABBÉ.

Madame, en pensant...

CAMARGO.

Au guet ! — Mais quel est donc cet homme ?

L'ABBÉ, lui mettant son mouchoir sur la bouche.

Ah ! tête et sang !
Ma belle dame, un mot. — Je vous tiens, quoi qu'on fasse.
Criez si vous voulez ; mais il faut qu'on en passe
Par mes volontés.

CAMARGO, étouffant.

Heuh !

L'ABBÉ.

Écoute ! — Si tu veux
Que nous passions une heure à nous prendre aux cheveux,

A ton gré, je le veux aussi; mais je te jure
Que tu n'y peux gagner beaucoup, — et sois bien sûre
Que tu n'y perdras rien. — Madame, au nom du ciel,
Vous allez vous blesser. — Si mon regret mortel
De vous offenser, si...

CAMARGO, *arrachant la boucle de sa ceinture et l'en frappant au visage.*

     Tu n'es qu'un misérable
Assassin. — Au secours!

L'ABBÉ.

     Soyez donc raisonnable,
Madame! calmez-vous. — Voulez-vous que vos gens
Fassent jaser le peuple, ou venir les sergents?
Nous sommes seuls, la nuit, — et vous êtes trompée
Si vous pensez qu'on sort à minuit sans épée.
Lorsque vous m'aurez fait éventrer un valet
Ou deux, m'en croira-t-on moins heureux, s'il vous plaît?
Et n'en prendra-t-on pas le soupçon légitime
Qu'étant si criminel, j'ai commis tout le crime?

CAMARGO.

Et qui donc es-tu, toi, qui me parles ainsi?

L'ABBÉ.

Ma foi! je n'en sais rien. — J'étais le Garuci
Tout à l'heure; à présent...

CAMARGO, *le menant à l'endroit de la fenêtre où donne la lune.*

     Viens ici. — Sur ta vie
Et le sang de tes os, réponds. — Que signifie
Ce chiffre?

L'ABBÉ.

Ah! pardonnez, madame, je suis fou
D'amour de vous. — Je suis venu sans savoir où.
Ah! ne me faites pas cette mortelle injure,
Que de me croire un cœur fait à cette imposture.
Je n'étais plus moi-même, et le ciel m'est témoin
Que de vous mériter nul n'a pris plus de soin.

CAMARGO.

Je te crois volontiers en effet la cervelle
Troublée. — Et cette plaque enfin, d'où te vient-elle?

L'ABBÉ.

De lui.

CAMARGO.

Lui? — L'as-tu donc égorgé?

L'ABBÉ.

Moi? Non point;
Je l'ai laissé très vif, une bouteille au poing.

CAMARGO.

Quel jeu jouons-nous donc?

L'ABBÉ.

Eh! madame, lui-même
Ne pouvait-il pas seul trouver ce stratagème?
Et ne voyez-vous point que lui seul m'a donné
Ce dont je devais voir mon amour couronné?
Et quel autre que lui m'eût dit votre demeure?
M'eût prêté ces habits? m'eût si bien marqué l'heure?

CAMARGO.

Rafael! Rafael! le jour que de mon front

Mes cheveux sur mes pieds un à un tomberont;
Que ma joue et mes yeux bleuiront comme celles
D'un noyé, que mes yeux laisseront mes prunelles
Tomber avec mes pleurs, alors tu penseras
Que c'est assez souffert, et tu t'arrêteras!

L'ABBÉ.

Mais...

CAMARGO.

Et quel homme encor me met-il à sa place?
De quelle fange est l'eau qu'il me jette à la face?
Viens, toi. — Voyons, lequel est écrit dans tes yeux,
Du stupide ou du lâche, ou si c'est tous les deux?

L'ABBÉ.

Madame!

CAMARGO.

Je t'ai vu quelque part.

L'ABBÉ.

Chez le comte
Foscoli.

CAMARGO.

C'est cela. — Si ce n'était de honte,
Ce serait de pitié qu'à te voir ainsi fait
Comme un bouffon manqué, le cœur me lèverait!
Voyons, qu'avais-tu bu? Dans cette violence,
Pour combien est l'ivresse, et combien l'impudence?
Va, je te crois sans peine, et lui seul sûrement
Est le joueur ici qui t'a fait l'instrument.
Mais, écoute. — Ceci vous sera profitable. —

Va-t'en le retrouver, s'il est encore à table ;
Dis-lui bien ton succès, et que lorsqu'il voudra
Prêter à ses amis des filles d'Opéra...

L'ABBÉ.

D'Opéra ! — Hé parbleu ! vous seriez bien surprise
Si vous saviez qu'il soupe avec la Cydalise.

CAMARGO.

Quoi ! Cydalise !

L'ABBÉ.

Hé oui ! Gageons que l'on entend
D'ici les musiciens, s'il fait un peu de vent.

<small>Tous deux prêtent l'oreille à la fenêtre. On entend une symphonie lente dans l'éloignement.</small>

CAMARGO.

Ciel et terre ! c'est vrai !

L'ABBÉ.

C'est ainsi qu'il oublie
Auprès d'elle, qui n'est ni jeune ni jolie,
La perle de nos jours ! Ah ! madame, songez
Que vos attraits surtout par là sont outragés.
Songez au temps, à l'heure, à l'insulte, à ma flamme ;
Croyez que vos bontés...

CAMARGO.

Cydalise !

L'ABBÉ.

Eh ! madame,
Ne daignerez-vous pas baisser vos yeux sur moi ?
Si le plus absolu dévoûment...

CAMARGO.
>Lève-toi.

As-tu le poignet ferme ?

L'ABBÉ.
>Hai ?

CAMARGO.
>Voyons ton épée.

L'ABBÉ.
Madame, en vérité, vous vous êtes coupée.

CAMARGO.
Hé quoi ! pâle avant l'heure et déjà faiblissant ?

L'ABBÉ.
Non pas, mais, têtebleu ! voulez-vous donc du sang ?

CAMARGO.
Abbé, je veux du sang ! J'en suis plus altérée
Qu'une corneille au vent d'un cadavre attirée.
Il est là-bas, dis-tu ? — cours-y donc, — coupe-lui
La gorge et tire-le par les pieds jusqu'ici.
Tords-lui le cœur, abbé, de peur qu'il n'en réchappe.
Coupe-le en quatre, et mets les morceaux dans la nappe ;
Tu me l'apporteras, et puisse m'écraser
La foudre, si tu n'as par blessure un baiser !
Tu tressailles, Romain ? C'est une faute étrange
Si tu te crois ici conduit par ton bon ange !
Le sang te fait-il peur ? Pour t'en faire un manteau
De cardinal, il faut la pointe d'un couteau.
Me jugeais-tu le cœur si large, que j'y porte
Deux amours à la fois, et que pas un n'en sorte ?

C'est une faute encor; mon cœur n'est pas si grand,
Et le dernier venu ronge l'autre en entrant.

L'ABBÉ.

Mais, madame, vraiment, c'est... Est-ce que?... Sans doute...
C'est un assassinat. — Et la justice?

CAMARGO.

       Écoute.
Je t'en supplie à deux genoux.

L'ABBÉ.

       Mais je me bats
Avec lui demain, moi. Cela ne se peut pas;
Attendez à demain, madame.

CAMARGO.

       Et s'il te tue? —
Demain! et si j'en meurs? — Si je suis devenue
Folle? — Si le soleil, se prenant à pâlir,
De ce sombre horizon ne pouvait pas sortir?
On a vu quelquefois de telles nuits au monde. —
Demain! le vais-je attendre à compter par seconde
Les heures sur mes doigts, ou sur les battements
De mon cœur, comme un juif qui calcule le temps
D'un prêt? — Demain ensuite, irai-je pour te plaire
Jouer à croix ou pile, et mettre ma colère
Au bout d'un pistolet qui tremble avec ta main?
Non pas. — Non! Aujourd'hui est à nous, mais demain
Est à Dieu!

L'ABBÉ.

Songez donc...

CAMARGO.

Annibal, je t'adore !
Embrasse-moi !

Il se jette à son cou.

L'ABBÉ.

Démons!!!

CAMARGO.

Mon cher amour, j'implore
Votre protection. — Voyez qu'il se fait tard. —
Me refuserez-vous?—Tiens, tiens, prends ce poignard.
Qui te verra passer? il fait si noir !

L'ABBÉ.

Qu'il meure,
Et vous êtes à moi?

CAMARGO.

Cette nuit.

L'ABBÉ.

Dans une heure.
Ah! je ne puis marcher. — Mes pieds tremblent. — Je sens,
Je — je vois...

CAMARGO.

Annibal, je suis prête, et j'attends.

SCÈNE VII

A l'auberge.

RAFAEL est assis, avec **ROSE** et **CYDALISE**.

RAFAEL, chantant.

Trivelin ou Scaramouche,
Remplis ton verre à moitié ;
Si tu le bois tout entier,
Je dirai que tu te mouches
Du pied.

Je ne sais pas au fond de quelle pyramide
De bouteilles de vin, au cœur de quel broc vide
S'est caché le démon qui doit me griser, mais
Je désespère encor de le trouver jamais.

CYDALISE.

A toi, mon prince !

RAFAEL.

A toi ! Buvons à mort, déesse !
Ma foi, vive l'amour ! Au diable ma maîtresse !
La vie est à descendre un rude grand chemin ;
Gai donc, la voyageuse, au coup du pèlerin !

CYDALISE.

Chante, je vais danser.

RAFAEL.

Bien dit. — Ah ! la jolie
Jambe !

Il se couche aux pieds de Rose, et prélude.

Je suis Hamlet aux genoux d'Ophélie.
Mais, reine, ma folie est plus douce, et mes yeux
Sous vos longs sourcils noirs invoquent d'autres dieux.

<small>Il chante.</small>

> Si, dans les antres de Cnide,
> Aux bras de Vénus porté,
> Le vieux Jupiter, que ride
> Sa vieille immortalité,
> Dans la céleste furie
> Me laissait finir sa vie,
> Qui jamais ne finira :
> Dieux immortels, que je meure !
> J'aimerais mieux un quart d'heure
> Chez la blanche Lydia.

Que j'aime ces beaux seins qui battent la campagne !
Au menuet, danseuse ! — et vous, du vin d'Espagne !

<small>A Rose.</small>

Et laissez vos regards avec le vin couler.
Dieu merci, ma raison commence à s'en aller !

CYDALISE.

Tu me laisses danser toute seule ?

RAFAEL.

       Ma reine,
Cela n'est pas bien dit.

<small>Il se lève.</small>

      Cette table nous gêne.

<small>Il la renverse du pied.</small>

PALFORIO, entrant.

Seigneur, je ne puis dire autre chose, sinon
Que de vous déranger je demande pardon ;

Mais vous faites un bruit bien fort, et qui fait mettre
Autour de ma maison le monde à la fenêtre.
Veuillez crier moins haut.

RAFAEL.

Ah ! parbleu ! je crierai,
Maître porte-bedaine, autant que je voudrai.
Holà ! hé ! ohé ! ho !

PALFORIO.

Seigneur, je vous supplie
D'observer qu'il est tard.

RAFAEL.

Allons, paix, vieille truie.
Je suis abbé, d'abord. — Si vous dites un mot,
Je vous excommunie. — Arrière, toi, pied-bot !

Il danse en chantant.

Monsieur l'abbé, où courez-vous ?
Vous allez vous casser le cou.

PALFORIO.

Seigneur, si vous criez, j'irai chercher la garde ;
J'en demande pardon à Votre Honneur.

RAFAEL.

Prends garde
Que mon pied n'aille voir tes chausses.

PALFORIO.

Aïe ! à moi !
Je suis mort.

RAFAEL.

Ventrebleu ! Je suis ici chez toi ;

J'y suis pour mon plaisir et n'en sortirai mie.

PALFORIO.

Seigneur, excusez-moi ; c'est mon hôtellerie,
Et vous en sortirez. — A la garde !

RAFAEL, lui jetant une bouteille à la tête.

Tiens.

PALFORIO.

Ah !

Il tombe.

CYDALISE.

Vous l'avez tué !

RAFAEL.

Non.

CYDALISE.

Si fait.

RAFAEL.

Non.

ROSE.

Si fait.

RAFAEL.

Bah !

Il le secoue.

Hé ! Palforio, vieux porc ! Il sait mieux que personne
Où vont, après leur mort, les gredins. — Je m'étonne
Que Satan ou Pluton, dès la première fois,
Dans cette nuque chauve aient enfoncé les doigts.
Ma foi, bonsoir ; le drôle a soufflé sa chandelle.
Adieu, ventre sans tête. — Il faut partir, ma belle.

Les sergents nous feraient payer les pots. — Allons.
C'est dur de nous quitter sitôt. — Allons, partons.
Je le croyais plus ferme, et que les vieilles âmes
Se rouillaient à l'étui comme les vieilles lames.

CYDALISE.

Paix! on vient.

VOIX.

Au guet!

RAFAEL.

Hein? je crois que les bourreaux
Sont gens, Dieu me pardonne, à quérir les prévôts.
Ne les attendons pas, mon ange. — Cette issue
Secrète nous conduit, par la petite rue,
A mon hôtel.

VOIX.

C'est là.

CYDALISE.

Mon Dieu! si l'on entrait!

RAFAEL.

Allons, le mantelet, le loup et le bonnet;
Par ici, par ici; bonsoir, mes Cydalises.

CYDALISE.

Bonsoir, mon prince.

UN SERGENT, entrant.

Arrête! en voilà deux de prises.

CYDALISE.

Mon prince, sauvez-vous!

LE SERGENT.

Qu'on le retienne.

RAFAEL.

Il pleut
Un peu, mais c'est égal. — Ma foi, sauve qui peut !

Il saute par la fenêtre.

UN SOLDAT.

Sergent, nous n'avons rien. — Votre homme est passé maître
Dans le saut périlleux. — Il a pris la fenêtre.

LE SERGENT.

Oh ! oh ! tenez-le bien. — Que vois-je ? L'hôtelier
Est mort. Courez tous vite, et sus le meurtrier !

SCÈNE VIII

Une rue au bord de la mer.

RAFAEL descend le long d'un treillis ; ANNIBAL passe dans le fond.

RAFAEL.

Peste soit des barreaux ! Hé, rendez-moi ma veste,
Mon camarade ! Où donc vous sauvez-vous si preste ?
Eh bien ! et vos amours, — que font-ils ?

L'ABBÉ.

Le voilà !

RAFAEL.

On me poursuit, mon cher. — Je vous dirai cela ;
Mais rendez-moi l'habit.

L'ABBÉ.

On crie. — On vous appelle!
Têtebleu! qu'est-ce donc?

RAFAEL.

Bon! une bagatelle.
Je crois que j'ai tué quelqu'un là-bas.

L'ABBÉ.

Vraiment!

RAFAEL.

Je vous dirai cela ; mais l'habit seulement.

L'ABBÉ.

L'habit? non de par Dieu! je ne veux pas du vôtre.
Les sergents me prendraient pour vous.

RAFAEL.

Le bon apôtre!

Plusieurs gens traversent le théâtre.

Attendez. — Donnez-moi ce manteau. — Bon. — Je vais
Dire à ces gredins-là deux petits mots.

L'ABBÉ.

Jamais
Je n'oserai tuer cet homme.

Il s'assoit sur une pierre.

LE SERGENT.

Holà! je cherche
Le seigneur Rafael.

RAFAEL.

A moins qu'il ne se perche
Sur quelque cheminée en manière d'oiseau,

Qu'il n'entre dans la terre, ou qu'il ne saute à l'eau,
Vous l'aurez à coup sûr. Le connaissez-vous?

LE SERGENT.

Certe,
J'ai son signalement. — C'est une plume verte
Avec des bas orange.

RAFAEL.

En vérité! — Parbleu!
Vous n'aurez point de peine et vous jouez beau jeu.
Combien vous donne-t-on?

LE SERGENT.

Hai?

RAFAEL.

Trouvez-vous qu'en somme
Votre prévôt vous ait assez payé votre homme?
Le bon sire est-il doux ou dur sur les écus?

LE SERGENT.

Mais il n'en mourrait pas pour donner un peu plus.
Mais je n'y pense pas. — Le ventre à la besogne,
Et non le dos. — Mieux vaut la hart que la vergogne.
Et puis, l'homme pendu, nous avons le pourpoint.

RAFAEL.

Sans compter les revers, s'il met l'épée au poing.

LE SERGENT.

J'ai de bons pistolets.

RAFAEL.

Voyons. — Et puis?

LE SERGENT.

         Ma canne
De sergent.

    RAFAEL.

  Bon. — Et puis?

    LE SERGENT.

       Ce poignard de Toscane.

    RAFAEL.

Très excellent. — Et puis?

    LE SERGENT.

      J'ai cette épée.

    RAFAEL.

         Et puis?

    LE SERGENT.

Et puis! je n'ai plus rien.

    RAFAEL, le rossant.

      Tiens, voilà pour tes cris
Et pour tes pistolets.

    LE SERGENT.

Aïe! aïe!

    RAFAEL.

       Et pour ta canne,
Et pour ton fin poignard en acier de Toscane.

    LE SERGENT.

Aïe! aïe! je suis mort!

    RAFAEL.

Le seigneur Garuci

Est sans doute au logis. — On y va par ici.
<small>Il le chasse.</small>
C'est du don Juan, ceci.
<small>Revenant.</small>
Que dis-tu du bonhomme ?
Sauvons-nous maintenant. — Moi, je retourne à Rome.
<small>L'abbé va à lui, et lui met son poignard dans la gorge.</small>

RAFAEL.

Êtes-vous fou, l'abbé ? — L'abbé ?
<small>Il tombe.</small>
Je n'y suis pas.
Ah ! malédiction* ! Mais tu me le paieras.
<small>Il veut se relever.</small>
Mon coup de grâce, abbé ! Je suffoque ! Ah ! misère !
Mon coup, mon dernier coup, mon cher abbé. La terre
Se roule autour de moi ; — miserere ! — Le ciel
Tourne. Ah ! chien d'abbé, va ! par le Père éternel !...
Qu'attends-tu donc là, toi, fantôme, qui demeures
Avec ces yeux ouverts ?

L'ABBÉ.

Moi ? j'attends que tu meures.

RAFAEL.

Damnation ! Tu vas me laisser là crever
Comme un païen, gredin, et ne pas m'achever !
Je ne te ferai rien ; viens m'achever. — Un verre
D'eau, pour l'amour de Dieu ! Tu diras à ma mère
Que je donne mes biens à mon bouffon Pippo.
<small>Il meurt.</small>

* Ah ! Machiavello ! (Édition de 1830.)

L'ABBÉ.

Va, ta mort est ma vie, insensé ! Ton tombeau
Est le lit nuptial où va ma fiancée
S'étendre sous le dais de cette nuit glacée !
Maintenant le hibou tourne autour des falots.
L'esturgeon monstrueux soulève de son dos
Le manteau bleu des mers, et regarde en silence
Passer l'astre des nuits sur leur miroir immense.
La sorcière, accroupie et murmurant tout bas
Des paroles de sang, lave pour les sabbats
La jeune fille nue ; Hécate aux trois visages
Froisse sa robe blanche aux joncs des marécages ;
Écoutez. — L'heure sonne ! et par elle est compté
Chaque pas que le temps fait vers l'éternité.
Va dormir dans la mer, cendre ! et que ta mémoire
S'enfonce avec ta vie au cœur de cette eau noire !

Il jette le cadavre dans la mer.

Vous, nuages, crevez ! essuyez ce chemin !
Que le pied, sans glisser, puisse y passer demain.

SCÈNE IX

*Chez la Camargo. — La Camargo est à son clavecin, en silence ;
on entend frapper à petits coups.*

CAMARGO.

Entrez.

*L'abbé entre. Il lui présente son poignard. La Camargo le considère
quelque temps, puis se lève.*

A-t-il souffert beaucoup ?

L'ABBÉ.

Bon ! c'est l'affaire
D'un moment.

CAMARGO.

Qu'a-t-il dit ?

L'ABBÉ.

Il a dit que la terre
Tournait.

CAMARGO.

Quoi ! rien de plus ?

L'ABBÉ.

Ah ! qu'il donnait son bien
A son bouffon Pippo.

CAMARGO.

Quoi ! rien de plus ?

L'ABBÉ.

Non, rien.

CAMARGO.

Il porte au petit doigt un diamant. De grâce,
Allez me le chercher.

L'ABBÉ.

Je ne le puis.

CAMARGO.

La place
Où vous l'avez laissé n'est pas si loin.

L'ABBÉ.

Non, mais

Je ne le puis.
CAMARGO.
Abbé, tout ce que je promets,
Je le tiens.
L'ABBÉ.
Pas ce soir.
CAMARGO.
Pourquoi?
L'ABBÉ.
Mais...
CAMARGO.
Misérable!
Tu ne l'as pas tué.
L'ABBÉ.
Moi, que le ciel m'accable
Si je ne l'ai pas fait, madame, en vérité!
CAMARGO.
En ce cas, pourquoi non?
L'ABBÉ.
Ma foi! je l'ai jeté
Dans la mer.
CAMARGO.
Quoi! ce soir, dans la mer?
L'ABBÉ.
Oui, madame.
CAMARGO.
Alors, c'est un malheur pour vous; car, sur mon âme,
Je voulais cet anneau.

L'ABBÉ.
Si vous me l'aviez dit,
Au moins...
CAMARGO.
Et sur quoi donc t'en croirai-je, maudit ?
Sur quel honneur vas-tu me jurer ? Sur laquelle
De tes deux mains de sang ? Où la marque en est-elle ?
La chose n'est pas sûre, et tu te peux vanter. —
Il fallait lui couper la main et l'apporter.
L'ABBÉ.
Madame, il faisait nuit... La mer était prochaine...
Je l'ai jeté dedans.
CAMARGO.
Je n'en suis pas certaine.
L'ABBÉ.
Mais, madame, ce fer est chaud et saigne encor.
CAMARGO.
Ni le sang ni le feu ne sont rares.
L'ABBÉ.
Son corps
N'est pas si loin, madame ; il se peut qu'on se charge...
CAMARGO.
La nuit est trop épaisse, et l'Océan trop large.
L'ABBÉ.
Mais je suis pâle, moi ! tenez.
CAMARGO.
Mon cher abbé,

L'étais-je pas ce soir, quand j'ai joué Thisbé
Dans l'opéra?

L'ABBÉ.

Madame, au nom du ciel!

CAMARGO.

Peut-être
Qu'en y regardant bien, vous l'aurez. — Ma fenêtre
Donne sur la mer.

Elle sort.

L'ABBÉ.

Mais... — Elle est partie, ô Dieu!
J'ai tué mon ami, j'ai mérité le feu,
J'ai taché mon pourpoint, et l'on me congédie.
C'est la moralité de cette comédie.

1829.

PORTIA

> Qu'est le hasard ? — C'est le marbre qui reçoit la vie des mains du statuaire. La Providence donne le hasard.
> SCHILLER.

I

Les premières clartés du jour avaient rougi
L'Orient, quand le comte Onorio Luigi
Rentra du bal masqué. — Fatigue ou nonchalance,
La comtesse à son bras s'appuyait en silence,
Et d'une main distraite écartait ses cheveux
Qui tombaient en désordre et voilaient ses beaux yeux.
Elle s'alla jeter, en entrant dans la chambre,
Sur le bord de son lit. — On était en décembre,
Et déjà l'air glacé des longs soirs de janvier
Soulevait par instants la cendre du foyer.
Luigi n'approcha pas toutefois de la flamme
Qui l'éclairait de loin. — Il regardait sa femme ;
Une idée incertaine et terrible semblait
Flotter dans son esprit, que le sommeil troublait.

Le comte commençait à vieillir. — Son visage
Paraissait cependant se ressentir de l'âge
Moins que des passions qui l'avaient agité.
C'était un Florentin ; jeune, il avait été
Ce qu'on appelle à Rome un coureur d'aventure.
Débauché par ennui, mais triste par nature,
Voyant venir le temps, il s'était marié ;
Si bien qu'ayant tout vu, n'ayant rien oublié, —
Pourquoi ne pas le dire ? il était jaloux. — L'homme
Qui vit sans jalousie, en ce bas monde, est comme
Celui qui dort sans lampe ; il peut sentir le bras
Qui vient pour le frapper, mais il ne le voit pas.

Pour le palais Luigi, la porte en était libre.
Le comte eût mis en quatre et jeté dans le Tibre
Quiconque aurait osé toucher sa femme au pied ;
Car nul pouvoir humain, quand il avait prié,
Ne l'eût fait d'un instant différer ses vengeances.
Il avait acheté du ciel ses indulgences ;
On le disait du moins. — Qui dans Rome eût pensé
Qu'un tel homme pût être impunément blessé ?
Mariée à quinze ans, noble, riche, adorée,
De tous les biens du monde à loisir entourée,
N'ayant dès le berceau connu qu'une amitié,
Sa femme ne l'avait jamais remercié ;
Mais quel soupçon pouvait l'atteindre ? Et qu'était-elle,
Sinon la plus loyale et la moins infidèle
Des épouses ? —

Luigi s'était levé. Longtemps
Il parut réfléchir en marchant à pas lents.
Enfin, s'arrêtant court : « Portia, vous êtes lasse,
Dit-il, car vous dormez tout de bout. — Moi, de grâce?
Prit-elle en rougissant ; oui, j'ai beaucoup dansé.
Je me sens défaillir malgré moi. — Je ne sais,
Reprit Onorio, quel était ce jeune homme
En manteau noir ; il est depuis deux jours à Rome.
Vous a-t-il adressé la parole? — De qui
Parlez-vous, mon ami? dit Portia. — De celui
Qui se tenait debout à souper, ce me semble,
Derrière vous ; j'ai cru vous voir parler ensemble.
Vous a-t-on dit quel est son nom? — Je n'en sais rien
Plus que vous, dit Portia. — Je l'ai trouvé très bien,
Dit Luigi, n'est-ce pas? Et gageons qu'à cette heure
Il n'est pas comme vous défaillant, que je meure ;
Joyeux plutôt. — Joyeux? sans doute ; et d'où vous vient,
S'il vous plaît, ce dessein d'en parler qui vous tient?
— Et, prit Onorio, d'où ce dessein contraire,
Lorsque j'en viens parler, de vous en vouloir taire?
Le propos en est-il étrange? Assurément
Plus d'un méchant parleur le tient en ce moment.
Rien n'est plus curieux ni plus gai, sur mon âme,
Qu'un manteau noir au bal. — Mon ami, dit la dame,
Le soleil va venir tout à l'heure, pourquoi
Demeurez-vous ainsi? Venez auprès de moi.
— J'y viens, et c'est le temps, vrai Dieu, que l'on achève
De quitter son habit quand le soleil se lève !

Dormez si vous voulez, mais tenez pour certain
Que je n'ai pas sommeil quand il est si matin.

— Quoi ! me laisser ainsi toute seule? J'espère
Que non,—n'ayant rien fait, seigneur, pour vous déplaire.

— Madame, dit Luigi, s'avançant quatre pas, —
Et comme hors du lit pendait un de ses bras,
De même que l'on voit d'une coupe approchée
Se saisir ardemment une lèvre séchée,
Ainsi vous l'auriez vu sur ce bras endormi
Mettre un baiser brûlant, — puis, tremblant à demi :
« Tu ne le connais pas, ô jeune Vénitienne !
Ce poison florentin qui consume une veine,
La dévore, et ne veut qu'un mot pour arracher
D'un cœur d'homme dix ans de joie et dessécher
Comme un marais impur ce premier bien de l'âme,
Qui fait l'amour d'un homme et l'honneur d'une femme !
Mal sans fin, sans remède, affreux, que j'ai sucé
Dans le lait de ma mère, et qui rend insensé.
— Quel mal? dit Portia.

— C'est quand on dit d'un homme
Qu'il est jaloux. Ceux-là, c'est ainsi qu'on les nomme.
— Maria ! dit l'enfant, est-ce de moi, mon Dieu !
Que vous seriez jaloux?

— Moi, madame? à quel lieu?

Jaloux! vous l'ai-je dit? sur la foi de mon âme,
Aucunement. Jaloux! pourquoi donc? Non, madame,
Je ne suis pas jaloux; allez, dormez en paix. »

Comme il s'éloignait d'elle à ce discours, après
Qu'il se fut au balcon accoudé d'un air sombre
(Et le croissant déjà pâlissait avec l'ombre),
En regardant sa femme, il vit qu'elle fermait
Ses bras sur sa poitrine et qu'elle s'endormait.

Qui ne sait que la nuit a des puissances telles
Que les femmes y sont, comme les fleurs, plus belles,
Et que tout vent du soir qui les peut effleurer
Leur enlève un parfum plus doux à respirer?
Ce fut pourquoi, nul bruit ne frappant son ouïe,
Luigi, qui l'admirait si fraîche épanouie,
Si tranquille, si pure, œil mourant, front penché,
Ainsi qu'un jeune faon dans les hauts blés couché,
Sentit ceci, — qu'au front d'une femme endormie,
Il n'est âme si rude et si bien affermie
Qui ne trouve de quoi voir son plus dur chagrin
Se fondre comme au feu d'une flamme l'airain.
Car, à qui s'en fier, mon Dieu! si la nature
Nous fait voir à sa face une telle imposture,
Qu'il faille séparer la créature en deux,
Et défendre son cœur de l'amour de ses yeux! —

Cependant que, debout dans son antique salle,

Le Toscan sous sa lampe inclinait son front pâle,
Au pied de son balcon il crut entendre, au long
Du mur, une voix d'homme, avec un violon.
Sur quoi, s'étant sans bruit avancé sous la barre,
Il vit distinctement deux porteurs de guitare, —
L'un inconnu, — pour l'autre, il n'en pouvait douter,
C'était son manteau noir, — il le voulut guetter.
Pourtant rien ne trahit ce qu'en sentit son âme,
Sinon qu'il mit la main lentement à sa lame,
Comme pour éprouver, la tirant à demi,
Qu'ayant là deux rivaux, il avait un ami. — .

Tout se taisait. Il prit le temps de reconnaître
Les traits du cavalier; puis, fermant sa fenêtre
Sans bruit, et sans que rien sur ses traits eût changé,
Il vit si dans le lit sa femme avait bougé.
— Elle était immobile, et la nuit défaillante
La découvrait au jour plus belle et plus riante.
Donc notre Florentin, ayant dit ses avés
Du soir, se mit au lit. — Frère, si vous avez
Par le monde jamais vu quelqu'un de Florence,
Et de son sang en lui pris quelque expérience,
Vous savez que la haine en ce pays n'est pas
Un géant comme ici, fier et levant le bras;
C'est une empoisonneuse en silence accroupie
Au revers d'un fossé, qui de loin vous épie,
Boiteuse, retenant son souffle avec sa voix,
Et, crainte de faillir, s'y prenant à deux fois.

II

L'église était déserte, et les flambeaux funèbres
Croisaient en chancelant leurs feux dans les ténèbres,
Quand le jeune étranger s'arrêta sur le seuil.
Sa main n'écarta pas son long manteau de deuil
Pour puiser l'eau bénite au bord de l'urne sainte.
Il entra sans respect dans la divine enceinte,
Mais aussi sans mépris. — Quelques religieux
Priaient bas, et le chœur était silencieux*.
Les orgues se taisaient, les lampes immobiles
Semblaient dormir en paix sous les voûtes tranquilles;
Un écho prolongé répétait chaque pas.
Solitudes de Dieu! qui ne vous connaît pas?
Dômes mystérieux, solennité sacrée,
Quelle âme, en vous voyant, est jamais demeurée
Sans doute ou sans terreur? — Toutefois devant vous
L'inconnu ne baissa le front ni les genoux.
Il restait en silence et comme dans l'attente.
— L'heure sonna. — Ce fut une femme tremblante
De vieillesse sans doute, ou de froid (car la nuit
Était froide), qui vint à lui. « Le temps s'enfuit,
Dit-il, entendez-vous le coq chanter? La rue
Paraît déserte encor, mais l'ombre diminue;

---

* On lit dans l'édition de 1830 :

— Hors un religieux
Qui priait bas, *le chœur*, etc.

Marchez donc devant moi. » La vieille répliqua :
« Voici la clef; allez jusqu'à ce mur, c'est là
Qu'on vous attend; allez vite, et faites en sorte
Qu'on vous voie. — Merci, dit l'étranger. » La porte
Retomba lentement derrière lui. « Le ciel
Les garde! » dit la vieille en marchant à l'autel.

Où donc, noble jeune homme, à cette heure où les ombres
Sous les pieds du passant tendent leurs voiles sombres,
Où donc vas-tu si vite? et pourquoi ton coursier
Fait-il jaillir le feu de l'étrier d'acier?
Ta dague bat tes flancs et ta tempe ruisselle;
Jeune homme, où donc vas-tu? qui te pousse ou t'appelle?
Pourquoi comme un fuyard sur l'arçon te courber?
Frère, la terre est grise et l'on y peut tomber.
Pourtant ton serviteur fidèle, hors d'haleine,
Voit de loin ton panache et peut le suivre à peine.
Que Dieu soit avec toi, frère, si c'est l'amour
Qui t'a dans l'ombre ainsi fait devancer le jour!
L'amour sait tout franchir, et bienheureux qui laisse
La sueur de son front aux pieds de sa maîtresse!
Nulle crainte en ton cœur, nul souci du danger,
Va! — Car ce qui t'attend là-bas, jeune étranger,
Que ce soit une main à la tienne tendue,
Que ce soit un poignard au tournant d'une rue,
Qu'importe? — Va toujours, frère, Dieu seul est grand!

Mais, près de ce palais, pourquoi ton œil errant

Cherche-t-il donc à voir et comme à reconnaître
Ce kiosque à la nuit close entr'ouvrant sa fenêtre?
Tes vœux sont-ils si haut et si loin avancés?
Jeune homme, songes-y; ce réduit, tu le sais,
Se tient plus invisible à l'œil que la pensée
Dans le cœur de son maître, inconnue et glacée.
Pourtant au pied du mur, sous les arbres caché,
Comme un chasseur, l'oreille au guet, tu t'es penché.
D'où partent ces accents*? et quelle voix s'élève
Entre ces barreaux, douce et faible comme un rêve?

« Dalti, mon cher trésor, mon amour, est-ce toi? —
Portia! flambeau du ciel! Portia, ta main; c'est moi. »

Rien de plus. — Et déjà sur l'échelle de soie
Une main l'attirait, palpitante de joie;
Déjà deux bras ardents, de baisers enchaîné,
L'avaient comme une proie à l'alcôve traîné.

O vieillards décrépits! têtes chauves et nues!
Cœurs brisés, dont le temps ferme les avenues!
Centenaires voûtés! spectres à chef branlant,
Qui, pâles au soleil, cheminez d'un pied lent!
C'est vous qu'ici j'invoque et prends en témoignage.
Vous n'avez pas toujours été sans vie, et l'âge
N'a pas toujours plié de ses mains de géant

---

* Quels sons mystérieux, etc. (Édition de 1830.)

Votre front à la terre, et votre âme au néant!
Vous avez eu des yeux, des bras et des entrailles!
Dites-nous donc, avant que de vos funérailles
L'heure vous vienne prendre, ô vieillards, dites-nous
Comme un cœur à vingt ans bondit au rendez-vous!

« Amour, disait l'enfant, après que, demi-nue,
Elle s'était, mourante, à ses pieds étendue,
Vois-tu, comme tout dort? Que ce silence est doux!
Dieu n'a dans l'univers laissé vivre que nous. »

Puis elle l'admirait avec un doux sourire,
Comme elles font toujours. Quelle femme n'admire
Ce qu'elle aime, et quel front peut-elle préférer
A celui que ses yeux ne peuvent rencontrer
Sans se voiler de pleurs? « Voyons, lui disait-elle,
T'es-tu fait beau pour moi, qui me suis faite belle?
Pour qui ce collier d'or? pour qui ces fins bijoux?
Ce beau panache noir? Était-ce un peu pour nous? »
Et puis elle ajouta : « Mon amour! que personne
Ne vous ait vu venir surtout, car j'en frissonne. »

Mais le jeune Dalti ne lui répondait pas;
Aux rayons de la lune, il avait de ses bras
Entouré doucement sa pâle bien-aimée;
Elle laissait tomber sa tête parfumée
Sur son épaule, et lui regardait, incliné,
Son beau front, d'espérance et de paix couronné!

« Portia, murmura-t-il, cette glace dans l'ombre
Jette un reflet trop pur à cette alcôve sombre;
Ces fleurs ont trop d'éclat, tes yeux trop de langueurs;
Que ne m'accablais-tu, Portia, de tes rigueurs!
Peut-être, Dieu m'aidant, j'eusse trouvé des armes.
Mais quand tu m'as noyé de baisers et de larmes,
Dis, qui m'en peut défendre ou qui m'en guérira?
Tu m'as fait trop heureux; ton amour me tuera! »

Et comme sur le bord de la longue ottomane,
Elle attachée à lui comme un lierre au platane,
Il s'était renversé tremblant à ce discours,
Elle le vit pâlir : « O mes seules amours,
Dit-il, en toute chose il est une barrière
Où, pour grand qu'on se sente, on se jette en arrière;
[De quelque fol amour qu'on ait empli son cœur,
Le désir est parfois moins grand que le bonheur;
Le ciel, ô ma beauté, ressemble à l'âme humaine :
Il s'y trouve une sphère où l'aigle perd haleine,
Où le vertige prend, où l'air devient le feu*,]
Et l'homme doit mourir où commence le Dieu. »

La lune se voilait; la nuit était profonde,
Et nul témoin des cieux ne veillait sur le monde.
La lampe tout à coup s'éteignit. « Reste là,

---

* Au lieu de ces cinq vers on lit seulement dans l'édition de 1830 :

C'est, de l'avoir ainsi, mettre trop haut son vœu...

Dit Portia, je m'en vais l'allumer. » Elle alla
Se baisser au foyer. — La cendre à demi morte
Couvrait à peine encore une étincelle, en sorte
Qu'elle resta longtemps, mais lorsque la clarté
Eut enfin autour d'eux chassé l'obscurité :
« Ciel et terre, Dalti! Nous sommes trois, dit-elle.
— Trois, » répéta près d'eux une voix à laquelle
Répondirent au loin les voûtes du château.
Immobile, caché sous les plis d'un manteau,
Comme au seuil d'une porte une antique statue,
Onorio, debout, avait frappé leur vue.
— D'où venait-il ainsi? Les avait-il guettés
En silence longtemps, et longtemps écoutés?
De qui savait-il l'heure, et quelle patience
L'avait fait une nuit épier la vengeance?
Cependant son visage était calme et serein,
Son fidèle poignard n'était pas dans sa main,
Son regard ne marquait ni colère ni haine;
Mais ses cheveux, plus noirs, la veille, que l'ébène,
Chose étrange à penser, étaient devenus blancs.
Les amants regardaient, sous les rayons tremblants
De la lampe déjà par l'aurore obscurcie,
Ce vieillard d'une nuit, cette tête blanchie,
Avec ses longs cheveux plus pâles que son front.
« Portia, dit-il, d'un ton de voix lent et profond,
Quand ton père, en mourant, joignit nos mains, la mienne
Resta pourtant ouverte; en retirer la tienne
Etait aisé. Pourquoi l'as-tu donc fait si tard? »

Mais le jeune Dalti s'était levé. « Vieillard,
Ne perdons pas de temps. Vous voulez cette femme?
En garde! Qu'un de nous la rende avec son âme.

— Je le veux, » dit le comte; et deux lames déjà
Brillaient en se heurtant. — Vainement la Portia
Se traînait à leurs pieds, tremblante, échevelée.
Qui peut sous le soleil tromper sa destinée?
Quand des jours et des nuits qu'on nous compte ici-bas
Le terme est arrivé, la terre sous nos pas
S'entr'ouvrirait plutôt : que sert qu'on s'en défende?
Lorsque la fosse attend, il faut qu'on y descende.
Le comte ne poussa qu'un soupir et tomba.

Dalti n'hésita pas. « Viens, dit-il à Portia,
Sortons. » Mais elle était sans parole et mourante.
Il prit donc d'une main le cadavre, l'amante
De l'autre, et s'éloigna. La nuit ne permit pas
De voir de quel côté se dirigeaient ses pas.

III

Une heure est à Venise, — heure des sérénades,
Lorsqu'autour de Saint-Marc, sous les sombres arcades,
Les pieds dans la rosée, et son masque à la main,

Une nuit de printemps joue avec le matin*.
Nul bruit ne trouble plus, dans les palais antiques,
La majesté des saints debout sous les portiques.
La ville est assoupie, et les flots prisonniers
S'endorment sur le bord de ses blancs escaliers.
C'est alors que de loin, au détour d'une allée,
Se détache en silence une barque isolée,
Sans voile, pour tout guide ayant son matelot,
Avec son pavillon flottant sous son falot.
Telle, au sein de la nuit, et par l'onde bercée,
Glissait, par le zéphyr lentement balancée,
La légère chaloupe où le jeune Dalti
Agitait en ramant le flot appesanti.
Longtemps, au double écho de la vague plaintive,
On le vit s'éloigner, en voguant, de la rive ;
Mais lorsque la cité, qui semblait s'abaisser
Et lentement au loin dans les flots s'enfoncer,
Eut, en se dérobant, laissé l'horizon vide,
Semblable à l'alcyon qui, dans son cours rapide,
S'arrête tout à coup, la chaloupe écarta
Ses rames sur l'azur des mers, et s'arrêta.
« Portia, dit l'étranger, un vent plus doux commence
A se faire sentir. — Chante-moi ta romance. »

* On lit dans l'édition de 1830 :

> *Une heure est à Venise, — heure des sérénades,*
> Quand le soleil s'enfuit, laissant aux promenades
> Un ciel pur, et couvert d'un voile plus vermeil
> Que celui que l'aurore écarte à son réveil.

Peut-être que le seuil du vieux palais Luigi
Du pur sang de son maître était encor rougi ;
Que tous les serviteurs sur les draps funéraires
N'avaient pas achevé leurs dernières prières ;
Peut-être qu'alentour des sinistres apprêts
Les moines, s'agitant comme de noirs cyprès,
Et mêlant leurs soupirs aux cantiques des vierges,
N'avaient pas sur la tombe encore éteint les cierges ;
Peut-être de la veille avait-on retrouvé
Le cadavre perdu, le front sous un pavé ;
Son chien pleurait sans doute et le cherchait encore.
Mais quand Dalti parla, Portia prit sa mandore,
Mêlant sa douce voix, que l'écho répétait,
Au murmure moqueur du flot qui l'emportait.

—Quel homme fut jamais si grand, qu'il se pût croire
Certain, ayant vécu, d'avoir une mémoire
Où son souvenir, jeune et bravant le trépas,
Pût revivre une vie, et ne s'éteindre pas ?
Les larmes d'ici-bas ne sont qu'une rosée
Dont un matin au plus la terre est arrosée,
Que la brise secoue, et que boit le soleil ;
Puis l'oubli vient au cœur, comme aux yeux le sommeil.

Dalti, le front baissé, tantôt sur son amante
Promenait ses regards, tantôt sur l'eau dormante ;
Ainsi muet, penchant sa tête sur sa main,

Il sembla quelque temps demeurer incertain*.
« Portia, dit-il enfin, ce que vous pouviez faire,
Vous l'avez fait; c'est bien. Parlez-moi sans mystère :
Vous en repentez-vous? — Moi, dit-elle, de quoi?
— D'avoir, dit l'étranger, abandonné pour moi
Vos biens, votre maison et votre renommée
(Il fixa de ses yeux perçants sa bien-aimée,
Et puis il ajouta d'un ton dur), — votre époux. »
Elle lui répondit : — J'ai fait cela pour vous;
Je ne m'en repens pas.

     — O nature, nature!
Murmura l'étranger, vois cette créature :
Sous les cieux les plus doux qui la pouvaient nourrir,
Cette fleur avait mis dix-huit ans à s'ouvrir.
A-t-elle pu tomber et se faner si vite,
Pour avoir une nuit touché ma main maudite?
C'est bien, poursuivit-il, c'est bien, elle est à moi.
Viens, dit-il à Portia, viens et relève-toi.
T'est-il jamais venu dans l'esprit de connaître
Qui j'étais? qui je suis?

     — Eh! qui pouvez-vous être,
Mon ami, si ce n'est un riche et beau seigneur?
Nul ne vous parle ici, qui ne vous rende honneur.

— As-tu, dit le jeune homme, autour des promenades,

 * On lit dans l'édition de 1830 :
   La vague le berçait sur son bateau romain.

Rencontré quelquefois, le soir, sous les arcades,
De ces filles de joie errant en carnaval,
Qui traînent dans la boue une robe de bal?
Elles n'ont pas toujours au bout de la journée
Du pain pour leur souper. Telle est leur destinée;
Car souvent de besoin ces spectres consumés
Prodiguent aux passants des baisers affamés.
Elles vivent ainsi. C'est un sort misérable,
N'est-il pas vrai? Le mien cependant est semblable.

— Semblable à celui-là! dit l'enfant. Je vois bien,
Dalti, que vous voulez rire, et qu'il n'en est rien.
— Silence, dit Dalti, la vérité tardive
Doit se montrer à vous ici, quoi qu'il arrive.
Je suis fils d'un pêcheur.

     — Maria! Maria!
Prenez pitié de nous, si c'est vrai, dit Portia.

— C'est vrai, dit l'étranger. Ecoutez mon histoire.
Mon père était pêcheur; mais je n'ai pas mémoire
Du jour où pour partir le destin l'appela,
Me laissant pour tout bien la barque où nous voilà.
J'avais quinze ans, je crois; je n'aimais que mon père,
Ma venue en ce monde ayant tué ma mère.
Mon véritable nom est Daniel Zoppieri.
Pendant les premiers temps mon travail m'a nourri.
Je suivais le métier qu'avait pris ma famille;

L'astre mystérieux qui sur nos têtes brille
Voyait seul quelquefois tomber mes pleurs amers
Au sein des flots sans borne et des profondes mers ;
Mais c'était tout. D'ailleurs, je vivais seul, tranquille,
Couchant où je pouvais, rarement à la ville.
Mon père cependant qui, pour un batelier,
Était fier, m'avait fait d'abord étudier ;
Je savais le toscan, et j'allais à l'église ;
Ainsi dès ce temps-là je connaissais Venise.

Un soir, un grand seigneur, Michel Gianinetto,
Pour donner un concert me loua mon bateau.
Sa maîtresse (c'était, je crois, la Muranèse)
Y vint seule avec lui ; la mer était mauvaise ;
Au bout d'une heure au plus un orage éclata.
Elle, comme un enfant qu'elle était, se jeta
Dans mes bras, effrayée, et me serra contre elle.
Vous savez son histoire, et comme elle était belle ;
Je n'avais jusqu'alors rien rêvé de pareil,
Et de cette nuit-là je perdis le sommeil. »

L'étranger, à ces mots, parut reprendre haleine ;
Puis, Portia l'écoutant et respirant à peine,
Il poursuivit :

« Venise ! ô perfide cité,
A qui le ciel donna la fatale beauté,
Je respirai cet air dont l'âme est amollie,

Et dont ton souffle impur empesta l'Italie !
Pauvre et pieds nus, la nuit, j'errais sous tes palais.
Je regardais tes grands, qu'un peuple de valets
Entoure, et rend pareils à des paralytiques;
Tes nobles arrogants, et tous tes magnifiques
Dont l'ombre est saluée, et dont aucun ne dort
Que sous un toit de marbre et sur un pavé d'or.
Je n'étais cependant qu'un pêcheur; mais, aux fêtes,
Quand j'allais au théâtre écouter les poètes,
Je revenais le cœur plein de haine et navré.
Je lisais, je cherchais; c'est ainsi, par degré,
Que je chassai, Portia, comme une ombre légère,
L'amour de l'Océan, ma richesse première.
Je vous vis, — je vendis ma barque et mes filets.
Je ne sais pas pourquoi, ni ce que je voulais,
Pourtant je les vendis. C'était ce que sur terre
J'avais pour tout trésor, ou pour toute misère.
Je me mis à courir, emportant en chemin
Tout mon bien qui tenait dans le creux de ma main.
Las de marcher, bientôt je m'assis, triste et morne,
Au fond d'un carrefour, sur le coin d'une borne.
J'avais vu par hasard, auprès d'un mauvais lieu
De la place Saint-Marc, une maison de jeu.
J'y courus. Je vidai ma main sur une table;
Puis, muet, attendant l'arrêt inévitable,
Je demeurai debout. Ayant gagné d'abord,
Je résolus de suivre et de tenter le sort.
Mais pourquoi vous parler de cette nuit terrible?

Toute une nuit, Portia, le démon invincible
Me cloua sur la place, et je vis devant moi
Pièce à pièce tomber la fortune d'un roi.
Ainsi je demeurai, songeant au fond de l'âme,
Chaque fois qu'en criant tournait la roue infâme,
Que la mer était proche, et qu'à me recevoir
Serait toujours tout prêt ce lit profond et noir.
Le banquier cependant, voyant son coffre vide,
Me dit que c'était tout. Chacun d'un œil avide
Suivait mes mouvements ; je tendis mon manteau.
On me jeta dedans la valeur d'un château,
Et la corruption de trente courtisanes.
Je sortis. — Je restai trois jours sous les platanes
Où je vous avais vue, ayant pour tout espoir,
Quand vous y passeriez, d'attendre, et de vous voir.
Tout le reste est connu de vous.

— Bonté divine !
Dit l'enfant, est-ce là tout ce qui vous chagrine ?
Quoi ! de n'être pas noble ? Est-ce que vous croyez
Que je vous aimerais plus quand vous le seriez ?

— Silence ! dit Dalti, vous n'êtes que la femme
Du pêcheur Zoppieri ; non, sur ma foi, madame,
Rien de plus.

— Et quoi rien, mon amour ?
— Rien de plus,

Vous dis-je ; ils sont partis comme ils étaient venus,
Ces biens. Ce fut hier la dernière journée
Où j'ai (pour vous du moins) tenté la destinée.
J'ai perdu ; voyez donc ce que vous décidez.
— Vous avez tout perdu?

— Tout, sur trois coups de dés ;
Tout, jusqu'à mon palais, cette barque exceptée
Que j'ai depuis longtemps en secret rachetée.
Maudissez-moi, Portia ; mais je ne ferai pas,
Sur mon âme, un effort pour retenir vos pas.
Pourquoi je vous ai prise et sans remords menée
Au point de partager ainsi ma destinée,
Ne le demandez pas. Je l'ai fait ; c'est assez.
Vous pouvez me quitter et partir ; choisissez. »

Portia, dès le berceau, d'amour environnée,
Avait vécu comtesse ainsi qu'elle était née.
Jeune, passant sa vie au milieu des plaisirs,
Elle avait de bonne heure épuisé les désirs,
Ignorant le besoin, et jamais, sur la terre,
Sinon pour l'adoucir, n'ayant vu de misère.
Son père, déjà vieux, riche et noble seigneur,
Quoique avare, l'aimait, et n'avait de bonheur
Qu'à la voir admirer, et quand on disait d'elle
Qu'étant la plus heureuse, elle était la plus belle.
Car tout lui souriait, et même son époux,
Onorio, n'avait plié les deux genoux

Que devant elle et Dieu. Cependant, en silence,
Comme Dalti parlait, sur l'Océan immense
Longtemps elle sembla porter ses yeux errants.
L'horizon était vide, et les flots transparents
Ne réflétaient au loin, sur leur abîme sombre,
Que l'astre au pâle front qui s'y mirait dans l'ombre.
Dalti la regardait, mais sans dire un seul mot.

— Avait-elle hésité ? — Je ne sais ; — mais bientôt,
Comme une tendre fleur que le vent déracine,
Faible, et qui lentement sur sa tige s'incline,
Telle elle détourna la tête, et lentement
S'inclina tout en pleurs jusqu'à son jeune amant.
« Songez bien, dit Dalti, que je ne suis, comtesse,
Qu'un pêcheur ; que demain, qu'après, et que sans cesse
Je serai ce pêcheur. Songez bien que tous deux
Avant qu'il soit longtemps nous allons être vieux ;
Que je mourrai peut-être avant vous.

       — Dieu rassemble
Les amants, dit Portia ; nous partirons ensemble.
Ton ange en t'emportant me prendra dans ses bras. »

Mais le pêcheur se tut, car il ne *croyait* pas.

          1829.

CHANSONS A METTRE EN MUSIQUE

ET FRAGMENTS

> Allons, bel oiseau bleu, chantez la romance à madame.
> *La Folle Journée.*

L'ANDALOUSE

Avez-vous vu, dans Barcelone,
Une Andalouse au sein bruni ?
Pâle comme un beau soir d'automne !
C'est ma maîtresse, ma lionne !
La marquesa d'Amaëgui.

J'ai fait bien des chansons pour elle ;
Je me suis battu bien souvent.
Bien souvent j'ai fait sentinelle,
Pour voir le coin de sa prunelle,
Quand son rideau tremblait au vent.

Elle est à moi, moi seul au monde.
Ses grands sourcils noirs sont à moi,

Son corps souple et sa jambe ronde,
Sa chevelure qui l'inonde,
Plus longue qu'un manteau de roi!

C'est à moi son beau col qui penche
Quand elle dort dans son boudoir,
Et sa basquina sur sa hanche,
Son bras dans sa mitaine blanche,
Son pied dans son brodequin noir!

Vrai Dieu! lorsque son œil pétille
Sous la frange de ses réseaux,
Rien que pour toucher sa mantille,
De par tous les saints de Castille,
On se ferait rompre les os.

Qu'elle est superbe en son désordre,
Quand elle tombe les seins nus,
Qu'on la voit, béante, se tordre
Dans un baiser de rage, et mordre
En criant des mots inconnus!

Et qu'elle est folle dans sa joie,
Lorsqu'elle chante le matin,
Lorsqu'en tirant son bas de soie,
Elle fait, sur son flanc qui ploie,
Craquer son corset de satin!

Allons, mon page, en embuscades !
Allons ! la belle nuit d'été !
Je veux ce soir des sérénades,
A faire damner les alcades
De Tolose au Guadalété !

LE LEVER

Assez dormir, ma belle !
Ta cavale isabelle
Hennit sous tes balcons.
Vois tes piqueurs alertes,
Et sur leurs manches vertes
Les pieds noirs des faucons.

Vois écuyers et pages,
En galants équipages,
Sans rochet ni pourpoint,
Têtes chaperonnées,
Traîner les haquenées,
Leur arbalète au poing.

Vois bondir dans les herbes
Les lévriers superbes,
Les chiens trapus crier.
En chasse, et chasse heureuse !
Allons, mon amoureuse,
Le pied dans l'étrier !

LE LEVER.

Et d'abord, sous la moire,
Avec ce bras d'ivoire
Enfermons ce beau sein,
Dont la forme divine,
Pour que l'œil la devine,
Reste aux plis du coussin.

Oh! sur ton front qui penche,
J'aime à voir ta main blanche
Peigner tes cheveux noirs ;
Beaux cheveux qu'on rassemble
Les matins, et qu'ensemble
Nous défaisons les soirs !

Allons, mon intrépide,
Ta cavale rapide
Frappe du pied le sol,
Et ton bouffon balance,
Comme un soldat sa lance,
Son joyeux parasol !

Mets ton écharpe blonde
Sur ton épaule ronde,
Sur ton corsage d'or ;
Et je vais, ma charmante,
T'emporter dans ta mante,
Comme un enfant qui dort !

MADRID

Madrid, princesse des Espagnes,
Il court par tes mille campagnes.
Bien des yeux bleus, bien des yeux noirs.
La blanche ville aux sérénades,
Il passe par tes promenades
Bien des petits pieds tous les soirs.

Madrid, quand tes taureaux bondissent,
Bien des mains blanches applaudissent,
Bien des écharpes sont en jeux.
Par tes belles nuits étoilées,
Bien des señoras long voilées
Descendent tes escaliers bleus.

Madrid, Madrid, moi, je me raille
De tes dames à fine taille
Qui chaussent l'escarpin étroit;
Car j'en sais une par le monde,
Que jamais ni brune ni blonde
N'ont valu le bout de son doigt!

J'en sais une, et certes la duègne
Qui la surveille et qui la peigne
N'ouvre sa fenêtre qu'à moi;
Certes, qui veut qu'on le redresse,
N'a qu'à l'approcher à la messe,
Fût-ce l'archevêque ou le roi.

Car c'est ma princesse andalouse!
Mon amoureuse! ma jalouse!
Ma belle veuve au long réseau!
C'est un vrai démon! c'est un ange!
Elle est jaune comme une orange,
Elle est vive comme un oiseau!

Oh! quand sur ma bouche idolâtre
Elle se pâme, la folâtre,
Il faut voir, dans nos grands combats,
Ce corps si souple et si fragile,
Ainsi qu'une couleuvre agile,
Fuir et glisser entre mes bras!

Or si d'aventure on s'enquête,
Qui m'a valu telle conquête,
C'est l'allure de mon cheval,
Un compliment sur sa mantille,
Puis des bonbons à la vanille
Par un beau soir de carnaval.

MADAME LA MARQUISE

Vous connaissez que j'ai pour mie
Une Andalouse à l'œil lutin,
Et sur mon cœur, tout endormie,
Je la berce jusqu'au matin.

Voyez-la, quand son bras m'enlace,
Comme le col d'un cygne blanc,
S'enivrer, oublieuse et lasse,
De quelque rêve nonchalant.

Gais chérubins ! veillez sur elle.
Planez, oiseaux, sur notre nid ;
Dorez du reflet de votre aile
Son doux sommeil que Dieu bénit !

Car toute chose nous convie
D'oublier tout, fors notre amour :
Nos plaisirs, d'oublier la vie
Nos rideaux, d'oublier le jour.

Pose ton souffle sur ma bouche,
Que ton âme y vienne passer !
Oh ! restons ainsi dans ma couche,
Jusqu'à l'heure de trépasser !

Restons ! L'étoile vagabonde
Dont les sages ont peur de loin*,
Peut-être, en emportant le monde,
Nous laissera dans notre coin.

Oh ! viens ! dans mon âme froissée
Qui saigne encor d'un mal bien grand,
Viens verser ta blanche pensée,
Comme un ruisseau dans un torrent !

Car sais-tu, seulement pour vivre,
Combien il m'a fallu pleurer ?
De cet ennui qui désenivre
Combien en mon cœur dévorer ?

Donne-moi, ma belle maîtresse,
Un beau baiser, car je te veux
Raconter ma longue détresse,
En caressant tes beaux cheveux**.

---

* Dans ce temps-là, on parlait beaucoup de la comète de 1832. (*Note de l'auteur.*)
** On lit dans l'édition de 1830 :

Avec ma main dans tes *cheveux*.

Or voyez qui je suis, ma mie,
Car je vous pardonne pourtant
De vous être hier endormie
Sur mes lèvres, en m'écoutant.

Pour ce, madame la marquise,
Dès qu'à la ville il fera noir,
De par le roi sera requise
De venir en notre manoir ;

Et sur mon cœur, tout endormie,
La bercerai jusqu'au matin,
Car on connaît que j'ai pour mie
Une Andalouse à l'œil lutin.

1829.

AU YUNG-FRAU

Yung-Frau, le voyageur qui pourrait sur ta tête
S'arrêter et poser le pied sur sa conquête*,
Sentirait en son cœur un noble battement,
Quand son âme, au penchant de ta neige éternelle,
Pareille au jeune aiglon qui passe et lui tend l'aile,
Glisserait et fuirait sous le clair firmament.

Yung-Frau, je sais un cœur qui, comme toi, se cache,
Revêtu, comme toi, d'une robe sans tache,
Il est plus près de Dieu que tu ne l'es du ciel.
Ne t'étonne donc point, ô montagne sublime,
Si la première fois que j'en ai vu la cime,
J'ai cru le lieu trop haut pour être d'un mortel.

1829.

---

* On lit dans l'édition de 1830 :

S'arrêter, et mettrait le pied sur sa conquête.

A ULRIC GUTTINGUER

Ulric, nul œil des mers n'a mesuré l'abîme,
Ni les hérons plongeurs, ni les vieux matelots.
Le soleil vient briser ses rayons sur leur cime,
Comme un soldat vaincu brise ses javelots.

Ainsi, nul œil, Ulric, n'a pénétré les ondes
De tes douleurs sans borne, ange du ciel tombé.
Tu portes dans ta tête et dans ton cœur deux mondes,
Quand le soir, près de moi, tu vas triste et courbé.

Mais laisse-moi du moins regarder dans ton âme,
Comme un enfant craintif se penche sur les eaux ;
Toi si plein, front pâli sous des baisers de femme,
Moi, si jeune, enviant ta blessure et tes maux.

Juillet 1829.

SONNET

Que j'aime le premier frisson d'hiver ! le chaume,
Sous le pied du chasseur, refusant de ployer !
Quand vient la pie aux champs que le foin vert embaume,
Au fond du vieux château s'éveille le foyer ;

C'est le temps de la ville. — Oh ! lorsque, l'an dernier,
J'y revins, que je vis ce bon Louvre et son dôme,
Paris et sa fumée, et tout ce beau royaume
(J'entends encore au vent les postillons crier),

Que j'aimais ce temps gris, ces passants et la Seine
Sous ses mille falots assise en souveraine !
J'allais revoir l'hiver. — Et toi, ma vie, et toi !

Oh ! dans tes longs regards j'allais tremper mon âme ;
Je saluais tes murs. — Car, qui m'eût dit, madame,
Que votre cœur sitôt avait changé pour moi ?

1829.

BALLADE A LA LUNE

C'était, dans la nuit brune,
Sur le clocher jauni,
    La lune,
Comme un point sur un i.

Lune, quel esprit sombre
Promène au bout d'un fil,
    Dans l'ombre,
Ta face et ton profil?

Es-tu l'œil du ciel borgne?
Quel chérubin cafard
    Nous lorgne
Sous ton masque blafard?

N'es-tu rien qu'une boule?
Qu'un grand faucheux bien gras

BALLADE A LA LUNE.

    Qui roule
Sans pattes et sans bras ?

Es-tu, je t'en soupçonne,
Le vieux cadran de fer
    Qui sonne
L'heure aux damnés d'enfer ?

Sur ton front qui voyage,
Ce soir ont-ils compté
    Quel âge
A leur éternité ?

Es-ce un ver qui te ronge,
Quand ton disque noirci
    S'allonge
En croissant rétréci ?

Qui t'avait éborgnée
L'autre nuit ? T'étais-tu
    Cognée
A quelque arbre pointu ?

Car tu vins, pâle et morne,
Coller sur mes carreaux
    Ta corne,
A travers les barreaux.

Va, lune moribonde,
Le beau corps de Phœbé
    La blonde
Dans la mer est tombé.

Tu n'en es que la face,
Et déjà, tout ridé,
    S'efface
Ton front dépossédé.

Rends-nous la chasseresse,
Blanche, au sein virginal,
    Qui presse
Quelque cerf matinal !

Oh ! sous le vert platane,
Sous les frais coudriers,
    Diane,
Et ses grands lévriers !

Le chevreau noir qui doute,
Pendu sur un rocher,
    L'écoute,
L'écoute s'approcher.

Et, suivant leurs curées,
Par les vaux, par les blés,

Les prées,
Ses chiens s'en sont allés.

Oh! le soir, dans la brise,
Phœbé, sœur d'Apollo,
Surprise
A l'ombre, un pied dans l'eau!

Phœbé qui, la nuit close,
Aux lèvres d'un berger
Se pose,
Comme un oiseau léger.

Lune, en notre mémoire,
De tes belles amours
L'histoire
T'embellira toujours.

Et, toujours rajeunie,
Tu seras du passant
Bénie,
Pleine lune ou croissant.

T'aimera le vieux pâtre,
Seul, tandis qu'à ton front
D'albâtre
Ses dogues aboieront.

T'aimera le pilote
Dans son grand bâtiment,
    Qui flotte
Sous le clair firmament!

Et la fillette preste
Qui passe le buisson,
    Pied leste,
En chantant sa chanson.

Comme un ours à la chaîne,
Toujours sous tes yeux bleus
    Se traîne
L'océan montueux.

Et qu'il vente ou qu'il neige,
Moi-même, chaque soir,
    Que fais-je,
Venant ici m'asseoir?

Je viens voir, à la brune,
Sur le clocher jauni,
    La lune
Comme un point sur un i.

Peut-être quand déchante*
Quelque pauvre mari,

---

* Ces vers et les suivants avaient été supprimés dans la première édition.

Méchante,
De loin tu lui souris.

Dans sa douleur amère,
Quand au gendre béni
    La mère
Livre la clef du nid,

Le pied dans sa pantoufle,
Voilà l'époux tout prêt
    Qui souffle
Le bougeoir indiscret.

Au pudique hyménée
La vierge qui se croit
    Menée,
Grelotte en son lit froid.

Mais monsieur tout en flamme
Commence à rudoyer
    Madame
Qui commence à crier.

« Ouf! dit-il, je travaille,
Ma bonne, et ne fais rien
    Qui vaille ;
Tu ne te tiens pas bien. »

Et vite il se dépêche.
Mais quel démon caché
  L'empêche
De commettre un péché ?

« Ah ! dit-il, prenons garde.
Quel témoin curieux
  Regarde
Avec ces deux grands yeux ? »

Et c'est, dans la nuit brune,
Sur son clocher jauni,
  La lune
Comme un point sur un i.

1829.

MARDOCHE

> Voudriez-vous dire, comme de fait on peut logicalement inférer, que par ci-devant le monde eust été fat, maintenant seroit devenu sage ?
>
> PANTAGRUEL, liv. V.

I

J'ai connu, l'an dernier, un jeune homme nommé
Mardoche, qui vivait nuit et jour enfermé.
O prodige ! il n'avait jamais lu de sa vie
Le *Journal de Paris*, ni n'en avait envie.
Il n'avait vu ni Kean, ni Bonaparte, ni
Monsieur de Metternich ; — quand il avait fini
De souper, se couchait, précisément à l'heure
Où (quand par le brouillard la chatte rôde et pleure)
Monsieur Hugo va voir mourir Phébus le blond.
Vous dire ses parents, cela serait trop long.

II

Bornez-vous à savoir qu'il avait la pucelle
D'Orléans pour aïeule en ligne maternelle*.

---

* Catherine du Lys, nièce de Jeanne d'Arc, fut mariée par le roi Charles VII à François de Villebresme, allié à la famille de Musset.

D'ailleurs, son compagnon, compère et confident,
Était un chien anglais, bon pour l'œil et la dent.
Cet homme, ainsi reclus, vivait en joie. — A peine
Le spleen le prenait-il quatre fois par semaine.
Pour ses moments perdus, il les donnait parfois
A *l'art mystérieux de charmer par la voix;*
Les Muses visitaient sa demeure cachée,
Et, quoiqu'il fît rimer *idée* avec *fâchée**,

III

On le lisait. C'était du reste un esprit fort;
Il eût fait volontiers d'une tête de mort
Un falot, et mangé sa soupe dans le crâne
De sa grand'mère. — Au fond, il estimait qu'un âne,
Pour Dieu qui nous voit tous, est autant qu'un ânier.
Peut-être que, n'ayant pour se désennuyer
Qu'un livre (c'est le cœur humain que je veux dire),
Il avait su trop tôt et trop avant y lire;
C'est un grand mal d'avoir un esprit trop hâtif.
— Il ne dansait jamais au bal par ce motif.

IV

Je puis certifier pourtant qu'il avait l'âme
Aussi tendre en tout point qu'un autre, et que sa femme

---

* Voir **les Marrons du feu**, scène II, vers 15 et 16.

(En ne le faisant pas c — u) n'eût pas été
Plus fort ni plus souvent battue, en vérité,
Que celle de monsieur de C***. En politique,
Son sentiment était très aristocratique,
Et je dois avouer qu'à consulter son goût,
Il aimait mieux la Porte et le sultan Mahmoud,
Que la chrétienne Smyrne, et ce bon peuple hellène
Dont les flots ont rougi la mer hellespontienne,

V

Et taché de leur sang tes marbres, ô Paros !
— Mais la chose ne fait rien à notre héros.
Bien des heures, des jours, bien des longues semaines
Passèrent, sans que rien dans les choses humaines
Le tentât d'y rentrer. — Tout à coup, un beau jour...
Fut-ce l'ambition ou bien fut-ce l'amour ?
(Peut-être tous les deux, car ces folles ivresses*
Viennent à tout propos déranger nos paresses) ;
Quoi qu'il en soit, lecteur, voici ce qu'il advint
A mon ami Mardoche, en l'an mil huit cent vingt.

VI

Je ne vous dirai pas quelle fut la douairière
Qui lui laissa son bien en s'en allant en terre,

---

* Car ces folles déesses. (Édition de 1830.)

Sur quoi de cénobite il devint élégant,
Et n'allait plus qu'en fiacre au boulevard de Gand.
Que dorme en paix ta cendre, ô quatre fois bénie
Douairière, pour le jour où cette sainte envie,
Comme un rayon d'en haut, te vint prendre en toussant,
De demander un prêtre, et de cracher le sang !
Ta tempe fut huilée, et sous la lame neuve
Tu te laissas clouer, comme dit Sainte-Beuve.

VII

Tes meubles furent mis, douairière, au Châtelet,
Chacun vendu le tiers de l'argent qu'il valait.
De ta robe de noce on fit un parapluie ;
Ton boudoir, ô Vénus, devint une écurie.
Quatre grands lévriers chassèrent du tapis
Ton chat qui, de tout temps, sur ton coussin tapi,
S'était frotté le soir l'oreille à ta pantoufle,
Et qui, maigre aujourd'hui, la queue au vent, s'essouffle
A courir sur les toits des repas incertains.
— Admirable matière à mettre en vers latins !

VIII

Je ne vous dirai pas non plus à quelle dame
Mardoche, ayant d'abord laissé prendre son âme,
Dut ces douces leçons, premier enseignement

Que l'amie, à regret, donne à son jeune amant.
Je ne vous dirai pas comment, à quelle fête
Il la vit, qui des deux voulut le tête-à-tête,
Qui des deux; du plus loin, hasarda le premier
L'œillade italienne; et qui, de l'écolier
Ou du maître, trembla le plus. — Hélas ! qu'en sais-je
Que vous ne sachiez mieux, et que vous apprendrais-je ?

IX

Il se peut qu'on oublie un rendez-vous donné,
Une chance, — un remords, — et l'heure où l'on est né,
Et l'argent qu'on emprunte. — Il se peut qu'on oublie
Sa femme, ses amis, son chien, et sa patrie. —
Il se peut qu'un vieillard perde jusqu'à son nom.
Mais jamais l'insensé, jamais le moribond,
Celui qui perd l'esprit, ni celui qui rend l'âme,
N'ont oublié la voix de la première femme
Qui leur a dit tout bas ces quatre mots si doux
Et si mystérieux : « My dear child, I love you. »

X

Ce fut aux premiers jours d'automne, au mois d'octobre,
Que Mardoche revint au monde. — Il était sobre
D'habitude, et mangeait vite. — Son cuisinier

Ne le gênait pas plus que son palefrenier.
Il ne prit ni cocher, ni groom, ni gouvernante,
Mais (honni soit qui mal y pense !) une servante.
De ses façons d'ailleurs rien ne parut changé.
Peut-être dira-t-on qu'il était mal logé ;
C'est à quoi je réponds qu'il avait pour voisine
Deux yeux napolitains qui s'appelaient Rosine.

XI

J'adore les yeux noirs avec des cheveux blonds.
Tels les avait Rosine, — et de ces regards longs,
A s'y noyer. — C'étaient deux étoiles d'ébène
Sur des cieux de cristal : — tantôt mourants, à peine
Entr'ouverts au soleil, comme les voiles blancs
Des abbesses de cour ; — tantôt étincelants,
Calmes, livrant sans crainte une âme sans mélange,
Doux, et parlant aux yeux le langage d'un ange.
— Que Mardoche y prît goût, ce n'est aucunement,
Judicieux lecteur, raison d'étonnement.

XII

M'en croira qui voudra, mais depuis qu'en décembre
La volonté du ciel est qu'on garde la chambre,
A coup sûr, paresseux et fou comme je suis,

A rêver sans dormir j'ai passé bien des nuits.
Le soir, au coin du feu, renversé sur ma chaise,
Mon menton dans ma main et mon pied dans ma braise,
Pendant que l'aquilon frappait à mes carreaux,
J'ai fait bien des romans, — bâti bien des châteaux ; —
J'ai, comme Prométhée, animé d'une flamme
Bien des êtres divins portant des traits de femme ;

XIII

Blonds cheveux, sourcils bruns, front vermeil ou pâli :
Dante aimait Béatrix, — Byron la Guiccioli.
Moi (si j'eusse été maître en cette fantaisie),
Je me suis dit souvent que je l'aurais choisie
A Naple, un peu brûlée à ces soleils de plomb
Qui font dormir le pâtre à l'ombre du sillon ;
Une lèvre à la turque, et, sous un col de cygne,
Un sein vierge et doré comme la jeune vigne ;
Telle que par instants Giorgione en devina,
Ou que dans cette histoire était la Rosina.

XIV

Il en est de l'amour comme des litanies
De la Vierge. — Jamais on ne les a finies ;
Mais une fois qu'on les commence, on ne peut plus

S'arrêter. — C'est un mal propre aux fruits défendus.
C'est pourquoi chaque soir la nuit était bien proche
Et le soleil bien loin, quand mon ami Mardoche
Quittait la jalousie écartée à demi,
D'où l'indiscret lorgnon plongeait sur l'ennemi.
— Même, quand il faisait clair de lune, l'aurore
A son poste souvent le retrouvait encore.

XV

Philosophes du jour, je vous arrête ici.
O sages demi-dieux, expliquez-moi ceci.
On ne volerait pas, à coup sûr, une obole
A son voisin; pourtant, quand on peut, on lui vole...
Sa femme ! — Car il faut, ô lecteur bien appris,
Vous dire que Rosine, entre tous les maris,
Avait reçu du ciel, par les mains d'un notaire,
Le meilleur qu'à Dijon avait trouvé son père.
On pense, avec raison, que sa mère, en partant,
N'avait rien oublié sur le point important.

XVI

Rien n'est plus amusant qu'un premier jour de noce ;
Au débotté, d'ailleurs, on avait pris carrosse.
— Le reste à l'avenant. — Sans compter les chapeaux

D'Herbeau, rien n'y manquait. — C'est un méchant propos
De dire qu'à six ans une poupée amuse
Autant qu'à dix-neuf ans un mari. — Mais tout s'use.
Une lune de miel n'a pas trente quartiers
Comme un baron saxon. — Et gare les derniers !
L'amour (hélas ! l'étrange et la fausse nature !)
Vit d'inanition, et meurt de nourriture.

XVII

Et puis, que faire ? — Un jour, c'est bien long. — Et demain ?
Et toujours ? — L'ennui gagne. — A quoi rêver au bain ?
— Hélas ! l'Oisiveté s'endort, laissant sa porte
Ouverte. — Entre l'Amour. — Pour que la Raison sorte
Il ne faut pas longtemps*. La vie en un moment
Se remplit ; — on se trouve avoir pris un amant.
— L'un attaque en hussard la déesse qu'il aime,
L'autre fait l'écolier ; chacun a son système.
Hier un de mes amis, se trouvant à souper
Auprès d'une duchesse, eut soin de se tromper

XVIII

De verre. « Mais, vraiment, dit la dame en colère,
Êtes-vous fou, monsieur ? vous buvez dans mon verre. »

---

* Il n'en fallait pas tant. (Édition de 1830.)

O l'homme peu galant, qui ne répondit rien,
Si ce n'est : « Faites-en, madame, autant du mien. »
Assurément, lecteur, le tour était perfide,
Car, l'ayant pris tout plein, il le replaça vide.
La dame avait du blanc, et pourtant en rougit.
Qu'y faire ? On chuchota. Dieu sut ce qu'on en dit.
Mon Dieu ! qui peut savoir lequel on récompense
Le mieux, ou du respect — ou de certaine offense ?

XIX

Je n'ai dessein, lecteur, de faire aucunement
Ici ce qu'à Paris on appelle un roman.
Peu s'en faut qu'un auteur, qui pas à pas chemine,
Ne vous fasse coucher avec son héroïne.
Ce n'est pas ma manière, et, si vous permettez,
Ce sera quinze jours que nous aurons sautés.
— Un dimanche (observez qu'un dimanche la rue
Vivienne est tout à fait vide, et que la cohue
Est aux Panoramas, ou bien au boulevard),
Un dimanche matin, une heure, une heure un quart,.

XX

Mardoche, habit marron, en landau de louage,
Par devant Tortoni passait en grand tapage.
« Gare ! » criait le groom. Quoi ! Mardoche en landau ?

— Oui. — La grisette à pied, trottant comme un perdreau,
Jeta plus d'une fois sans doute à la portière
Du jeune gentleman l'œillade meurtrière.
Mais il n'y prit pas garde; un important projet
A ses réflexions semblait donner sujet.
Son regard était roide, et jamais diplomate
Ne parut plus guindé, ni plus haut sur cravate.

XXI

Où donc s'en allait-il ? — Il allait à Meudon.
— Quoi ! si matin, si loin, si vite? Et pourquoi donc ?
— Le voici. D'où sait-on, s'il vous plaît, qu'on approche
D'un village, sinon qu'on en entend la cloche ?
Or, la cloche suppose un clocher, — le clocher
Un curé. — Le curé, quand c'est jour de prêcher,
A besoin d'un bedeau. — Le bedeau, d'ordinaire,
Est en même temps cuistre à l'école primaire.
Or le cuistre du lieu, lecteur, était l'ancien
Allié des parents de Mardoche, et le sien.

XXII

Ayant donc débarqué, notre héros fit mettre*
Sa voiture en un lieu sûr, qu'il pût reconnaître,

---

* Ces vers, jusqu'à la strophe XL, avaient été retranchés à la première édition.

Puis s'éloigna, sans trop regarder son chemin,
D'un pas plus mesuré qu'un sénateur romain.
Longtemps et lentement, comme un bayeur aux grues,
Il marcha, coudoyant le monde par les rues.
Il savait dès longtemps que le bon magister
Les dimanches matin sortait pour prendre l'air;
C'est pourquoi, sans l'aller demander à sa porte,
Il détourna d'abord le coin du bois, en sorte

XXIII

Qu'au bout de trente pas il était devant lui :
« *And how do you do*, mon bon père, aujourd'hui ? »
Le vieillard, à vrai dire, un peu surpris, et comme
Distrait d'un rêve, ôta de ses lèvres la pomme
De sa canne. « Mon fils, tout va bien, Dieu merci,
Dit-il, et quel sujet vous fait venir ici ?
— Sujet, reprit Mardoche, excessivement sage,
Très moral, un sujet très logique. Je gage
Ma barbe et mon bonnet qu'on pourrait vous donner
Dix-sept éternités pour nous le deviner. »

XXIV

La matinée était belle; les alouettes
Commençaient à chanter; quelques lourdes charrettes
Soulevaient çà et là la poussière. C'était

Un de ces beaux matins un peu froids, comme il fait
En octobre. Le ciel secouait de sa robe
Les brouillards vaporeux sur le terrestre globe.
« Asseyez-vous, mon fils, dit le prêtre ; voilà
L'un des plus beaux instants du jour. — Pour ce vent-là,
Je le crois usurier, bon père, dit Mardoche,
Car il vous met la main malgré vous à la poche.

XXV

— L'un des plus beaux instants, mon fils, où les humains
Puissent à l'Éternel tendre leurs faibles mains ;
L'âme s'y sent ouverte, et la prière aisée.
— Oui ; mais nous avons là les pieds dans la rosée,
Bon père ; autant vaudrait prier en plus bas lieu.
— Les monts, dit le vieillard, sont plus proches de Dieu.
Ce sont ses vrais autels, et si le saint prophète
Moïse le put voir, ce fut au plus haut faîte.
— Hélas ! reprit Mardoche, un homme sur le haut
Du plus pointu des monts, serait-ce le Jung-Frau,

XXVI

Me fait le même effet justement qu'une mouche
Au bout d'un pain de sucre. Ah ! bon père, la bouche
Des hommes, à coup sûr, les met haut, mais leurs pieds
Les mettent bas. — Mon fils, dit le docteur, voyez

Que vos cheveux sont d'or et les miens sont de neige.
Attendez que le temps vienne. — Et qu'en apprendrai-je?
Prit l'autre, souriant de son méchant souris ;
Science des humains n'est-elle pas mépris ? »
Il s'assit à ce mot. « Laissons cela, mon père,
Dit-il, je suis venu pour vous parler d'affaire.

XXVII

Comme vous le disiez tout à l'heure, je suis
Jeune, par conséquent amoureux. Je ne puis
Voir ma maîtresse; elle a son mari. La fenêtre
Est haute, à parler franc, et... — Je vous ai vu naître,
Mon ami, dit le prêtre, et je vous ai tenu
Sur les fonts baptismaux. Quand vous êtes venu
Au monde, votre père (et que Dieu lui pardonne,
Car il est mort) vous prit des bras de votre bonne,
Et me dit : Je le mets sous la protection
Du ciel ; qu'il soit sauvé de la corruption !

XXVIII

— Le malheur, dit Mardoche, est que les demoiselles
Sont toutes, par nature ou par mode, cruelles ;
Car je vous entends bien, et je sais que c'est mal.
Mais que voudriez-vous, monsieur, qu'on fît au bal ?
— Oui ! vous avez raison, dit le bedeau, le monde

Est un lieu de misère et de pitié profonde.
—Donc, dit Mardoche, avec votre consentement,
Je reprends mon récit et mon raisonnement.
Or je ne puis pas voir ma maîtresse; hier même
J'ai failli m'y casser le cou. — Bonté suprême !

XXIX

Dit le bedeau, c'est Dieu qui vous aurait frappé.
Quel est le malheureux que vous avez trompé ?
—Malheureux? dit Mardoche; il n'en sait rien, mon père.
—Il n'en sait rien, mon fils ! Nul secret sur la terre
N'est secret bien longtemps. — Bon, dit Mardoche, mais
Je ne bavarde guère, et je n'écris jamais.
— Et quand cela serait, mon fils, je le demande,
Une injure cachée en est-elle moins grande ?
En aurez-vous donc moins desséché, désuni
Un lien que la main d'un prêtre avait béni ?

XXX

En aurez-vous moins fait le plus coupable outrage
A la société, dans sa loi la plus sage ?
Ce secret, qu'à jamais la terre ignorera,
Pensez-vous que le ciel, qui le sait, l'oubliera ?
Songez à ce que c'est qu'un monde, et que le nôtre
A quatre pas de long, et, pour horizon, l'autre.

— Quittons ce sujet-ci, dit Mardoche, je voi
Que vous avez le crâne autrement fait que moi*.
Je vous racontais donc comme quoi ma maîtresse
Était gardée à vue : on la promène en laisse.

XXX

— Et l'on a, dit le prêtre, éminemment raison.
Ah ! qu'elle pense donc à garder sa maison,
A vouer au Seigneur un cœur exempt de feinte,
A donner à ses fils un lait pur et la crainte
Du ciel. — Mon révérend, dit l'autre, les oiseaux
Qui sont les plus charmants sont ceux qui chantent faux.
Ne vous paraît-il pas simple et tout ordinaire
Qu'un rossignol soit laid, honteux, lorsqu'au contraire
Le paon, ce mal-appris, porte un manteau doré,
Comme un diacre à Noël à côté du curé ?

XXXII

Ne vous étonnez donc aucunement, bon père,
Que le plus bel oiseau que nous ayons sur terre,
La femme, chante faux, et sur ce, laissez-moi
Vous finir mon récit, je vous dirai pourquoi.

---

* En 1829, le système du docteur Gall, préconisé par Broussais, était fort à la mode. La réponse de Mardoche au bedeau est une plaisanterie de dandy.

Hier donc, je revenais, ayant failli me rompre
Les... — Et, dit le vieillard, qui donc l'a pu corrompre
Ainsi, fils d'un tel père, et jeune comme il est!
N'est-ce pas monstrueux? — J'ai, dit Mardoche, fait
Mes classes de bonne heure, et puis, dans les familles,
Voyez-vous, j'ai toujours trouvé quatre ou cinq filles

XXXIII

Contre un ou deux garçons, ce qui m'a fait penser
Qu'on pouvait en aimer la moitié, sans blesser
Dieu. — Dieu! mon cher enfant! voyons, soyez sincère.
Y croyez-vous? — Monsieur, dit Mardoche, Voltaire
Y croyait. — Comment donc l'offensez-vous ainsi?
— Or, dit le jouvenceau, je reprends mon récit.
J'adore cette femme, et ne connais de joie
Qu'à la voir; vous sentez qu'il faut que je la voie,
Et j'ai compté sur vous dans cette occasion.
— Sur moi! dit le bedeau, perdez-vous la raison?

XXXIV

— La raison, révérend, hélas! je l'ai perdue;
Et si, par un miracle, elle m'était rendue,
Vous me la verriez fuir, ou plutôt renvoyer
Comme un pigeon fidèle au toit du colombier.
Ah! secourez-moi donc; votre bonne assistance

Peut seule me sauver dans cette circonstance.
— Et de quelle façon, mon ami? — Vous sentez,
Dit Mardoche, que j'ai cherché de tous côtés,
Pour la voir, une chambre, un lit, un trou, n'importe;
Y venir n'était rien, mais il faut bien qu'on sorte.

XXXV

Et le rustre la guette. — Eh bien! dit le bedeau,
Puis-je l'en empêcher? — Vous avez un très beau
Lit à rideaux bleu-ciel, monsieur; un presbytère
N'est pas suspect... — Jamais! dit le vieillard. — Bon père,
Dit l'autre, je n'ai pas si peu de temps vécu
Qu'au premier jour d'ennui je croie une vertu
De partir (en parlant ainsi, l'ami Mardoche
Tirait tout bas un long pistolet de sa poche).
— Porter la main sur vous, mon fils! dit le chrétien,
En êtes-vous donc là? ne croyez-vous à rien?

XXXVI

— Révérend, répondit Mardoche, je m'ennuie.
Shakspeare, dans *Hamlet,* dit qu'on tient à la vie
Parce qu'on ne sait pas ce qu'on doit voir après;
Ses vers me semblent beaux, mais ils seraient plus vrais,
S'ils disaient qu'on y tient parce qu'une cervelle
A peur d'un pistolet qui s'applique sur elle,

Pour la faire craquer et sauter d'un seul bond,
Comme un bouchon de vin de Champagne, au plafond.
Je ne suis pas douillet. — Un suicide ! on se damne,
Mon fils ! — Nous n'avons pas, dit Mardoche, le crâne

XXXVII

Fait de même. — Attendez du moins jusqu'à demain,
Mon fils, et retirez ceci de votre main.
Songez-y donc : chez moi ! dans ma chambre ! une femme !
Mon enfant, un suicide ! Ah ! songez à votre âme.
— Henri huit, révérend ; dit Mardoche, fut veuf
De sept reines, tua deux cardinaux, dix-neuf
Évêques, treize abbés, cinq cents prieurs, soixante-
Un chanoines, quatorze archidiacres, cinquante
Docteurs, douze marquis, trois cent dix chevaliers,
Vingt-neuf barons chrétiens, et six-vingts roturiers.

XXXVIII

Moi, je n'en tuerai qu'un, révérend ; mais, de grâce,
Parlez, et dites-nous ce qu'il vous plaît qu'on fasse.
— Qu'on fasse ! dit le prêtre ; et l'enfer, mon cher fils !
L'enfer ! — Monsieur, reprit Mardoche, je ne puis
Répondre là-dessus, n'ayant eu pour nourrice
Qu'une chèvre. » Le bout de l'arme tentatrice
Brillait au plein soleil. « Eh bien ! je le veux bien,

S'écria le vieillard, mais vous n'en direz rien.
Sur votre foi, mon fils ! songez à ce qu'on pense...
—Touchez là, dit Mardoche, et Dieu vous récompense ! »

XXXIX

Telle fut, de tout point, la conversation
Qu'avec son oncle Évrard Mardoche eut à Meudon
(Car Évrard du bedeau fut le nom véritable).
De l'oncle ou du neveu qui fut le plus coupable?
Le neveu fut impie et l'oncle fut trop bon.
L'un plaidait pour le ciel, l'autre pour le démon.
Le parallèle prête à faire une élégie :
Oncle, tu fus trop bon ; neveu, tu fus impie.
Mais n'importe ; il suffit de savoir pour l'instant,
Quel qu'en soit le motif, que Mardoche est content !

XL

De plus, j'ai déjà dit que c'était jour de fête.
Une fête, à Meudon, tourne plus d'une tête ;
Et qui pouvait savoir, tandis que, soucieux,
Notre héros à terre avait fixé ses yeux,
Ce qu'il cherchait encor ? — Le fait est qu'en silence
Au digne magister il fit sa révérence,
Puis s'éloigna pensif, sans trop regarder où,

La tête basse, et, comme on dit, à pas de loup*.
— Toujours un amoureux s'en va tête baissée,
Cheminant de son pied moins que de sa pensée.

XLI

Heureux un amoureux! — Il ne s'enquête pas
Si c'est pluie ou gravier dont s'attarde son pas.
On en rit; c'est hasard s'il n'a heurté personne,
Mais sa folie au front lui met une couronne,
A l'épaule une pourpre, et devant son chemin
La flûte et les flambeaux comme un jeune Romain !
Tel était celui-ci, qu'à sa mine inquiète
On eût pris pour un fou, sinon pour un poète.
Car vous verriez plutôt une moisson sans pré,
Sans serrure une porte, et sans nièce un curé,

XLII

Que sans manie un homme ayant l'amour dans l'âme.
Comme il marchait pourtant, un visage de femme
Qui passa tout à coup sous un grand voile noir,
Le jeta dans un trouble horrible à concevoir.
Qu'avait-il? Qu'était donc cette beauté voilée?
Peut-être sa Rosine ! — Au détour de l'allée,

* Silencieux, et, comme on dit, etc. (Édition de 1830.)

Avait-il reconnu, sous les plis du schall blanc,
Sa démarche à l'anglaise, et son pas nonchalant?
Elle n'était pas seule; un homme à face pâle
L'accompagnait, d'un air d'aisance conjugale.

XLIII

Quoi qu'il en soit, lecteur, notre héros suivit
Cette beauté voilée aussitôt qu'il la vit.
Longtemps et lentement, au bord de la terrasse,
Il marcha comme un chien basset sur une trace,
Toujours silencieux, car il délibérait
S'il devait passer outre ou bien s'il attendrait.
L'ennemi tout à coup, à sa grande surprise,
Fit volte-face. Il vit que l'instant de la crise
Approchait; tenant donc le pied ferme, aussitôt
Il rajusta d'un coup son col et son jabot.

XLIV

Muses! — Depuis le jour où John Bull, en silence,
Vit jadis par Brummel, en dépit de la France,
Les gilets blancs proscrits, et jusques aux talons
(Exemple monstrueux!) traîner les pantalons;
Jusqu'à ces heureux temps où nos compatriotes
Enfin jusqu'à mi-jambe ont relevé leurs bottes,
Et, ramenant au vrai tout un siècle enhardi,

Dégagé du maillot le mollet du dandy !
Si jamais, retroussant sa royale moustache,
Gentilhomme au plein vent fit siffler sa cravache ;

XLV

D'un air tendre et rêveur, si jamais merveilleux,
Pour montrer une bague, écarta ses cheveux ;
Oh ! surtout, si jamais manchon aristocrate
Fit mollement plier la douillette écarlate,
Ou si jamais, pareille à l'étoile du soir,
Put sous un voile épais scintiller un œil noir* ;
O Muses d'Hélicon ! — O chastes Piérides !
Vous qui du double roc buvez les eaux rapides,
Dites, ne fut-ce pas lorsque, la canne en l'air,
Mardoche en sautillant passa comme un éclair ?

XLVI

Ce ne fut qu'un coup d'œil, et, bien que passé maître,
Notre époux, à coup sûr, n'y put rien reconnaître.
Un vieux Turc accroupi, qui près de là fumait,
N'aurait pas eu le temps de dire : Mahomet.
La dame, je crois même, avait tourné la tête ;
Et, sans s'inquiéter autrement de la fête,

---

* Pétiller un œil noir. (Édition de 1830.)

Ni des gens de l'endroit, ni de son bon parent,
Mardoche regagna sa voiture en courant.
« A Paris ! » dit le groom en fermant la portière.
A Paris ! oh ! l'étrange et la plaisante affaire !

XLVII

Lecteur, qui ne savez que penser de ceci,
Et qui vous préparez à froncer le sourcil,
Si vous n'avez déjà deviné que Mardoche
Emportait de Meudon un billet dans sa poche,
Vous serez, en rentrant, étonné de le voir
Se jeter tout soudain le nez contre un miroir,
Demander du savon, et gronder sa servante;
Puis, laissant son laquais glacé par l'épouvante,
Se vider sur le front, ainsi qu'un flot lustral,
Un flacon tout entier d'huile de Portugal.

XLVIII

Vénus ! flambeau divin ! — Astre cher aux pirates !
Astre cher aux amants ! — Tu sais que de cravates,
Un jour de rendez-vous, chiffonne un amoureux !
Tu sais combien de fois il en refait les nœuds !
Combien coule sur lui de lait de rose et d'ambre !
Tu sais que de gilets et d'habits par la chambre
Vont traînant au hasard, mille fois essayés,

Pareils à des blessés qu'on heurte et foule aux pieds !
Vous surtout, dards légers, qu'en ses doctes emphases
Delille a consacrés par quatre périphrases* !

XLIX

O bois silencieux ! ô lacs ! — O murs gardés !
Balcons quittés si tard ! si vite escaladés !
Masques qui ne laissez entrevoir d'une femme
Que deux trous sur le front, qui lui vont jusqu'à l'âme !
O capuchons discrets ! — O manteaux de satin !
Que presse sur la taille une amoureuse main !
Amour, mystérieux amour, douce misère !
Et toi, lampe d'argent, pâle et fraîche lumière
Qui fais les douces nuits plus blanches que le lait !
— Soutenez mon haleine en ce divin couplet !

L

Je veux chanter ce jour d'éternelle mémoire
Où, son dîner fini, devant qu'il fît nuit noire,
Notre héros, le nez caché sous son manteau,
Monta dans sa voiture une heure au moins trop tôt !
Oh ! qu'il était joyeux, et, quoiqu'on n'y vît goutte,
Que de fois il compta les bornes de la route !

---

* Les épingles. (*Note de l'auteur.*)

Lorsqu'enfin le tardif marchepied s'abaissa,
Comme, le cœur battant, d'abord il s'élança !
Tout le quartier dormait profondément, en sorte
Qu'il leva lentement le marteau de la porte.

LI

Êtes-vous quelquefois sorti par un temps doux,
Le soir, seul, en automne, — ayant un rendez-vous ?
Il est de trop bonne heure, et l'on ne sait que faire
Pour tuer, comme on dit, le temps, ou s'en distraire.
On s'arrête, on revient. — De guerre lasse, enfin,
On entre. — On va poser son front sur un coussin. —
Sur le bord de son lit, — place à jamais sacrée !
Tiède encor des parfums d'une tête adorée !
— On écoute. — On attend. — L'ange du souvenir
Passe, et vous dit tout bas : « L'entends-tu pas venir ? »

LII

J'ai vu, sur les autels, le pudique hyménée
Joindre une sèche main de prude surannée
A la main sans pudeur d'un roué de vingt ans.
Au Havre, dans un bal, j'ai vu les yeux mourants
D'une petite Anglaise, à l'air mélancolique,
Jeter un long regard plein d'amour romantique
Sur un buveur de punch, et qui, dans le moment,

Venait de se griser abominablement !
J'ai vu des apprentis se vendre à des douairières,
Et des Almavivas payer leurs chambrières.

LIII

Est-il donc étonnant qu'une fois, à Paris,
Deux jeunes cœurs se soient rencontrés — et compris?
Hélas! de belles nuits le ciel nous est avare
Autant que de beaux jours ! — Frère, quand la guitare
Se mêle au vent du soir, qui brise vos cheveux,
Quand le clairet vous a ranimé de ses feux,
Oh! que votre maîtresse, alors surtout, soit belle!
Sinon, quand vous voudrez jeter les yeux sur elle,
Vous sentirez le cœur vous manquer, et soudain
L'instrument, malgré vous, tomber de votre main.

LIV

L'auteur du présent livre, en cet endroit, supplie
Sa lectrice, si peu qu'elle ait la main jolie
(Comme il n'en doute pas), d'y jeter un moment
Les yeux, et de penser à son dernier amant.
Qu'elle songe, de plus, que Mardoche était jeune,
Amoureux, qu'il avait pendant un mois fait jeûne,
Que la chambre était sombre, et que jamais baisé*.

---

* Il faudrait *baiser*.

Plus long ni plus ardent ne put être posé
D'une bouche plus tendre, et sur des mains plus blanches
Que celles que Rosine eut au bout de ses manches.

LV

Car, à dire le vrai, ce fut la Rosina
Qui parut tout à coup, quand la porte tourna.
Je ne sais, ô lecteur ! si notre ami Mardoche
En cette occasion crut son bien sans reproche,
Mais il en profita. — Pour la table, le thé,
Les biscuits et le feu, ce fut vite apporté.
— Il pleuvait à torrents. — Qu'on est bien deux à table !
Une femme ! un souper ! Je consens que le diable
M'emporte, si jamais j'ai souhaité d'avoir
Rien autre chose avant de me coucher le soir.

LVI

Lecteur, remarquez bien cependant que Rosine
Était blonde, l'œil noir, avait la jambe fine.
Même, hormis les pieds qu'elle avait un peu forts,
Joignait les qualités de l'esprit et du corps.
Il paraît donc assez simple et facile à croire
Que son féal époux, sans être d'humeur noire,
Voulût la surveiller. — Peut-être qu'il était
Averti de l'affaire en dessous ; le fait est

Que Mardoche et sa belle, au fond, ne pensaient guère
A lui, quand il cria comme au festin de Pierre :

LVII

« Ouvrez-moi*! — Pechero ! dit la dame, je suis
Perdue!... Où se cacher, Mardoche? » Au fond d'un puits,
Il s'y serait jeté, de peur de compromettre
La reine de son cœur. Il ouvrit la fenêtre.
Stratagème excellent ! — Rien n'était mieux trouvé.
Et zeste ! Il se démit le pied sur un pavé.
O bizarre destin ! ô fortune inconstante !
O malheureux amant ! plus malheureuse amante !
Après ce coup fatal, qu'allez-vous devenir,
Hélas ! et comment donc ceci va-t-il finir?

LVIII

De tout temps les époux, grands dénoueurs de trames,
Ont mangé les soupers des amants de leurs femmes;
On peut voir, pour cela, depuis maître Gil Blas,
Jusqu'à Crébillon fils et monsieur de Faublas.
Mais notre Dijonnais à la face chagrine
Jugea la chose mal à propos. — Et Rosine,

---

*   Cette fin est usée, et nous la donnons telle,
    Par grand éloignement de la mode nouvelle.
                  (Note de l'auteur.)

Que fit-elle? — Elle avait cet air désappointé
Que fait une perruche à qui l'on a jeté
Malicieusement une fève arrangée
Dans du papier brouillard en guise de dragée.

LIX

Elle prend avec soin l'enveloppe, ôte tout,
Tire, et s'attend à bien, puis, quand elle est au bout
Du papier imposteur, voyant la moquerie,
Reste moitié colère et moitié bouderie.
« Madame, dit l'époux, vous irez au couvent. »
Au couvent! — O destin cruel et décevant!
Le calice était plein; il fallut bien le boire.
Et que dit à ce mot la pauvre enfant? — L'histoire
N'en sait rien. — Et que fit Mardoche? — Pour changer
D'amour, il lui fallut six mois à voyager.

Septembre 1829.

LE SAULE

FRAGMENT

I

. . . .
Il se fit tout à coup le plus profond silence,
Quand Georgina Smolen se leva pour chanter.

Miss Smolen est très pâle. — Elle arrive de France,
Et regrette le sol qu'elle vient de quitter.
On dit qu'elle a seize ans. — Elle est Américaine ;
Mais, dans ce beau pays dont elle parle à peine,
Jamais deux yeux plus doux n'ont du ciel le plus pur
Sondé la profondeur et réfléchi l'azur.
Faible et toujours souffrante, ainsi qu'un diadème,
Elle laisse à demi, sur son front orgueilleux,
En longues tresses d'or tomber ses blonds cheveux.
Elle est de ces beautés dont on dit qu'on les aime

Moins qu'on ne les admire ; — un noble, un chaste cœur :
La volupté, pour mère, y trouva la pudeur.
Bien que sa voix soit douce, elle a sur le visage,
Dans les gestes, l'abord, et jusque dans ses pas,
Un signe de hauteur qui repousse l'hommage,
Soit tristesse ou dédain, mais qui ne blesse pas.
Dans un âge rempli de crainte et d'espérance,
Elle a déjà connu la triste indifférence,
Cette fille du temps. — Qui pourrait cependant
Se lasser d'admirer ce front triste et charmant
Dont l'aspect seul éloigne et guérit toute peine?
Tant sont puissants, hélas! sur la misère humaine
Ces deux signes jumeaux de paix et de bonheur,
Jeunesse de visage et jeunesse de cœur!
Chose étrange à penser, il paraît difficile
Au regard le plus dur et le plus immobile
De soutenir le sien. — Pourquoi? Qui le dira?
C'est un mystère encor. — De ce regard céleste
L'atteinte, allant au cœur, est sans doute funeste,
Et devra coûter cher à qui la recevra.

Miss Smolen commença ; — l'on ne voyait plus qu'elle.
On connaît ce regard qu'on veut en vain cacher,
Si prompt, si dédaigneux, quand une femme est belle!...
Mais elle ne parut le fuir ni le chercher.

Elle chanta cet air qu'une fièvre brûlante
Arrache, comme un triste et profond souvenir,

D'un cœur plein de jeunesse et qui se sent mourir ;
Cet air qu'en s'endormant Desdemona tremblante,
Posant sur son chevet son front chargé d'ennuis,
Comme un dernier sanglot, soupire au sein des nuits.

D'abord ses accents purs, empreints d'une tristesse
Qu'on ne peut définir, ne semblèrent montrer
Qu'une faible langueur, et cette douce ivresse
Où la bouche sourit, et les yeux vont pleurer.
Ainsi qu'un voyageur couché dans sa nacelle,
Qui se laisse au hasard emporter au courant,
Qui ne sait si la rive est perfide ou fidèle,
Si le fleuve à la fin devient lac ou torrent ;
Ainsi la jeune fille, écoutant sa pensée,
Sans crainte, sans effort, et par sa voix bercée,
Sur les flots enchantés du fleuve harmonieux
S'éloignait du rivage en regardant les cieux...

Quel charme elle exerçait ! Comme tous les visages
S'animaient tout à coup d'un regard de ses yeux !
Car, hélas ! que ce soit, la nuit dans les orages,
Un jeune rossignol pleurant au fond des bois,
Que ce soit l'archet d'or, la harpe éolienne,
Un céleste soupir, une souffrance humaine,
Quel est l'homme, aux accents d'une mourante voix,
Qui, lorsque pour entendre il a baissé la tête,
Ne trouve dans son cœur, même au sein d'une fête,

Quelque larme à verser, — quelque doux souvenir
Qui s'allait effacer et qu'il sent revenir ?

Déjà le jour s'enfuit, — le vent souffle, — silence !
La terreur brise, étend, précipite les sons.
Sous les brouillards du soir le meurtrier s'avance,
Invisible combat de l'homme et des démons !
A l'action, Iago ! Cassio meurt sur la place.
Est-ce un pêcheur qui chante, est-ce le vent qui passe ?
Écoute, moribonde ! Il n'est pire douleur
Qu'un souvenir heureux dans les jours de malheur.

Mais lorsqu'au dernier chant la redoutable flamme
Pour la troisième fois vient repasser sur l'âme
Déjà prête à se fondre, et que dans sa frayeur
Elle presse en criant sa harpe sur son cœur...
La jeune fille alors sentit que son génie
Lui demandait des sons que la terre n'a pas ;
Soulevant par sanglots des torrents d'harmonie,
Mourante, elle oubliait l'instrument dans ses bras.
O Dieu ! mourir ainsi, jeune et pleine de vie...
Mais tout avait cessé, le charme et les terreurs,
Et la femme en tombant ne trouva que des pleurs.

Pleure, le ciel te voit ! — pleure, fille adorée !
Laisse une douce larme au bord de tes yeux bleus
Briller, en s'écoulant, comme une étoile aux cieux !
Bien des infortunés dont la cendre est pleurée

Ne demandaient pour vivre et pour bénir leurs maux
Qu'une larme,—une seule, et de deux yeux moins beaux !

Échappant aux regards de la foule empressée,
Miss Smolen s'éloignait, la rougeur sur le front ;
Sur le bord du balcon elle resta penchée.

Oh ! qui l'a bien connu, ce mouvement profond,
Ce charme irrésistible, intime, auquel se livre
Un cœur dans ces moments de lui-même surpris,
Qu'aux premiers battements un doux mystère enivre,
Jeune fleur qui s'entr'ouvre à la fraîcheur des nuits !
[Fille de la douleur ! harmonie ! harmonie !
Langue que pour l'amour inventa le génie !
Qui nous vins d'Italie, et qui lui vins des cieux !
Douce langue du cœur, la seule où la pensée,
Cette vierge craintive et d'une ombre offensée,
Passe en gardant son voile, et sans craindre les yeux,
Qui sait ce qu'un enfant peut entendre et peut dire
Dans tes soupirs divins nés de l'air qu'il respire,
Tristes comme son cœur et doux comme sa voix ?
On surprend un regard, une larme qui coule ;
Le reste est un mystère ignoré de la foule,
Comme celui des flots, de la nuit et des bois !..]

Oh ! quand tout a tremblé, quand l'âme tout entière
Sous le démon divin se sent encor frémir,
Pareille à l'instrument qui ne peut plus se taire,

Et qui d'avoir chanté semble longtemps gémir...
Et quand la faible enfant, que son délire entraîne,
Mais qui ne sait d'amour que ce qu'elle en rêva,
Vient à lever les yeux... La belle Américaine
Qui dérobait les siens, enfin les souleva.

Sur qui? —Bien des regards, ainsi qu'on peut le croire,
Comme un regard de reine avaient cherché le sien.
Que de fronts orgueilleux qui s'en seraient fait gloire!
Sur qui donc? — Pauvre enfant, le savait-elle bien?

Ce fut sur un jeune homme à l'œil dur et sévère,
Qui la voyait venir et ne la cherchait pas;
Qui, lorsqu'elle emportait une assemblée entière,
N'avait pas dit un mot, ni fait vers elle un pas.
Il était seul, debout, — un étrange sourire, —
Sous de longs cheveux blonds des traits efféminés; —
A ceux qui l'observaient son regard semblait dire :
On ne vous croira pas si vous me devinez.
Son costume annonçait un fils de l'Angleterre;
Il est, dit-on, d'Oxford. — Né dans l'adversité,
Il habite le toit que lui laissa son père,
Et prouve un noble sang par l'hospitalité.
Il se nomme Tiburce.

    On dit que la nature
A mis dans sa parole un charme singulier,
Mais surtout dans ses chants; que sa voix triste et pure

A des sons pénétrants qu'on ne peut oublier.
Mais à compter du jour où mourut son vieux père,
Quoi qu'on fît pour l'entendre, il n'a jamais chanté.

D'où la connaissait-il ? ou quel secret mystère
Tient sur cet étranger son regard arrêté ?
Quel souvenir ainsi les met d'intelligence ?
S'il la connaît, pourquoi ce bizarre silence ?
S'il ne la connaît pas, pourquoi cette rougeur ?
On ne sait. — Mais son œil rencontra l'œil timide
De la vierge tremblante, et le sien plus rapide
Sembla comme une flèche aller chercher le cœur.
Ce ne fut qu'un éclair. L'invisible étincelle
Avait jailli de l'âme, et Dieu seul l'avait vu !
Alors, baissant la tête, il s'avança vers elle,
Et lui dit : « M'aimes-tu, Georgette, m'aimes-tu ? »

II

Tandis que le soleil s'abaisse à l'horizon,
Tiburce semble attendre, au seuil de sa maison,
L'heure où dans l'Océan l'astre va disparaître.
A travers les vitraux de la sombre fenêtre,
Les dernières lueurs d'un beau jour qui s'enfuit
Percent encor de loin le voile de la nuit.

Deux puissants destructeurs ont marqué leur présence

Dans le manoir désert du pauvre étudiant :
Le temps et le malheur. — Tu gardes le silence,
Vieux séjour des guerriers, autrefois si bruyant !

Dans les longs corridors qui se perdent dans l'ombre,
Où de tristes échos répètent chaque pas,
Se mêlaient autrefois des serviteurs sans nombre...
La coupe des festins égaya les repas.

Une lampe qu'au loin on aperçoit à peine,
Prouve que de ces murs un seul est habité.
Ainsi tombe et périt le féodal domaine ;
Ici la solitude, — ici la pauvreté.
Ce sont les lourds arceaux d'un vieux laboratoire
Que Tiburce a choisis ; — non loin est un caveau,
Peut-être une prison, — peut-être un oratoire ;
Car rien n'approche autant d'un autel qu'un tombeau.

Là, dans le vieux fauteuil de la noble famille,
Où les enfants priaient, où mouraient les vieillards,
S'agenouilla jadis plus d'une chaste fille
Qui poursuivait des yeux de lointains étendards.
Plus tard, c'est encor là qu'à l'heure où le coq chante,
Demandant au néant des trésors inouïs,
L'alchimiste courbé, d'une main impuissante,
Frappa son front ridé dans le calme des nuits.
Le philosophe oisif disséqua sa pensée...
La science aujourd'hui, rencontrant sous ses pieds

Les vestiges poudreux d'une route effacée,
Sourit aux vains efforts des siècles oubliés.

Sur le chevet du lit pend cette triste image,
Où Raphaël, traînant une famille en deuil,
Dépose l'Homme-Dieu de la croix au cercueil.
Sa mère de ses mains veut couvrir son visage.
Ses bras se sont roidis, et, pour la ranimer,
Ses filles n'ont, hélas! que leur sainte prière...
Ah! blessures du cœur, votre trace est amère!
Promptes à vous ouvrir, lentes à vous fermer!

Ici c'est Géricault et sa palette ardente;
Mais qui peut oublier cette fausse Judith,
Et dans la blanche main d'une perfide amante
La tête qu'en mourant Allori suspendit?

Et plus loin — la clarté d'une lampe sans vie
Agite sur les murs, dans l'ombre appesantie,
Un marbre mutilé. — Père d'un temps nouveau,
Ta mémoire, ô héros, ne sera point troublée!
Ton image se cache, et doit rester voilée
Sur la terre où l'on boit encore à Waterloo...

Les arts, ces dieux amis, fils de la solitude,
Sont rois sous cette voûte; auprès d'eux l'humble étude
Vient d'un baiser de paix rassurer la douleur;
Et toi surtout, et toi, triste et fidèle amie,

A qui l'infortuné, dans ses nuits d'insomnie,
Dit tout bas ses secrets qui dévorent le cœur,
Toi, déesse des chants, à qui, dans son supplice,
La douleur tend les bras, criant : — Consolatrice !
Consolatrice !

   A l'âge où la chaleur du sang
Fait éclore un désir à chaque battement,
Où l'homme, apercevant, des portes de la vie,
La Mort à l'horizon, s'avance et la défie, —
Parmi les passions qui viennent tour à tour
S'asseoir au fond du cœur sur un trône invisible,
La haine, — l'intérêt, — l'ambition, — l'amour,
Tiburce n'en connaît qu'une, — la plus terrible.
Jusqu'à ce jour, du moins, le sillon n'a senti
Des autres que le germe ; une seule a grandi.
Quant à cette secrète et froide maladie,
Misérable cancer d'un monde qui s'en va,
Ce facile mépris de l'homme et de la vie,
Nul de l'avoir connu jamais ne l'accusa.
Mais pourquoi cherchait-il ainsi la solitude ?

On ne sait. — Dès longtemps il chérissait l'étude.
Autrefois ignoré, mais content de son sort,
Il marcha sur les pas de ceux à qui la mort
Révèle les secrets de l'être et de la vie.
Incliné sous sa lampe, infatigable amant
D'une science aride et longtemps poursuivie,

LE SAULE.

On le voyait, la nuit, écrire assidûment;
Ou quelquefois encor, quand l'astre au front d'albâtre
Efface les rayons de son disque incertain,
Il osait, oubliant, sa tâche opiniâtre,
Étudier les lois de ces mondes sans fin,
Flots d'une mer de feu sur nos fronts balancée,
Et que n'ont pu compter ni l'œil ni la pensée!...
Mais, hélas! que de jours, que de longs jours passés,
Ont vu depuis ce temps ses travaux délaissés!
Renfermé dans les murs où mourut son vieux père,
Depuis plus de deux ans, sous son toit solitaire,
Il vit seul, loin des yeux, — heureux, — car ses amis,
En calculant les jours, n'ont point compté les nuits.
Peut-être en se cachant voulait-il le silence...
Qui savait ses projets? — Nul ne connaît celui
Qui le fait sur le seuil demeurer aujourd'hui.

Mais la nuit à grands pas sur la terre s'avance,
Et les ombres déjà, que le vent fait frémir,
Sur le sol obscurci semblent se réunir.
Le repos par degrés s'étend sur les campagnes;
L'astre baisse, — il s'arrête au sommet des montagnes,
Jette un dernier regard aux cimes des forêts,
Et meurt. — Les nuits d'hiver suivent les soirs de près.

Quelques groupes épars d'oisifs, de jeunes filles,
De joyeux villageois regagnant la cité,
Se distinguent encor, malgré l'obscurité.

Sous le chaume habité par de pauvres familles,
Des feux de loin en loin enfument les vieux toits
Noircis par l'eau du ciel dont dégouttent les bois.
Tandis que des enfants la voix fraîche et sonore,
Montant avec l'encens de la maison de Dieu,
Au bruit confus des mers au loin se mêle encore,
Et fait frémir au vent les vitraux du saint lieu,
Quelques refrains grossiers que l'on entend à peine
Rappellent au passant le jour du samedi.
Le buveur nonchalant a laissé loin de lui
L'artisan de la veille, obsédé par la gêne,
Qui, baignant de sueur chaque morceau de pain,
Travaillant pour le jour, doute du lendemain.
L'oubli, ce vieux remède à l'humaine misère,
Semble avec la rosée être tombé des cieux.
Se souvenir, hélas! — Oublier, — c'est sur terre
Ce qui, selon les jours, nous fait jeunes ou vieux!

Tiburce contemplait cette bizarre scène ;
Son œil sous les vapeurs apercevait à peine
Les fantômes mouvants qui passaient devant lui.
Dieu juste! sous ces toits que d'humbles destinées
S'achevant en silence ainsi qu'elles sont nées! —
Et Tiburce pensa qu'il était pauvre aussi.

Ah! Pauvreté, marâtre! à qui donc est utile
Celui qui d'un sein maigre a bu ton lait stérile?
A quoi ressemble l'homme, ignoré du destin,

LE SAULE.

Qui, reprenant le soir son sentier du matin,
Marchant à pas comptés dans sa vie inconnue,
S'endort quand sur son toit la nuit est descendue?
Peut-être est-ce le sage; — un moins pesant fardeau
Courbe plus lentement son front jusqu'au tombeau.
Mais celui qu'un fatal et tout-puissant génie
Livre dans l'ombre épaisse à la pâle Insomnie,
Celui qui, pour souffrir ne se reposant pas,
Vit d'une double vie, — oh! qu'est-il ici-bas?
Pareille à l'ange armé du saint glaive de flamme,
L'invincible Pensée a du seuil de son âme
Chassé le doux sommeil, comme un hôte étranger.
Seule elle y règne, — et n'est pas longue à la changer
En une solitude immense, et plus profonde
Que les déserts perdus sur les bornes du monde!

Mais silence! écoutez! — C'est le son du beffroi.
Tiburce s'est levé : « L'heure de la prière !
Dit-il, soit : c'est mon heure ! ils prieront Dieu pour moi ! »
Il marche; — il est parti...

                  Le jour et la lumière
Des sinistres projets sont mauvais confidents.
Là, les audacieux sont nommés imprudents.
La pensée, évitant l'œil vulgaire du monde,
S'enfuit au fond du cœur. — La nuit, la nuit profonde
Vient seule relever, à l'heure du sommeil,
Les fronts qui s'inclinaient aux rayons du soleil.

. . . .

[Pâle étoile du soir, messagère lointaine,
Dont le front sort brillant des voiles du couchant,
De ton palais d'azur, au sein du firmament,
    Que regardes-tu dans la plaine?

La tempête s'éloigne, et les vents sont calmés.
La forêt, qui frémit, pleure sur la bruyère.
Le phalène doré, dans sa course légère,
    Traverse les prés embaumés.
    Que cherches-tu sur la terre endormie?
Mais déjà vers les monts je te vois t'abaisser;
Tu fuis en souriant, mélancolique amie,
Et ton tremblant regard est près de s'effacer.

Étoile qui descends sur la verte colline,
Triste larme d'argent du manteau de la Nuit,
Toi que regarde au loin le pâtre qui chemine,
Tandis que pas à pas son long troupeau le suit, —
Étoile, où t'en vas-tu, dans cette nuit immense?
Cherches-tu sur la rive un lit dans les roseaux?
Ou t'en vas-tu si belle, à l'heure du silence,
Tomber comme une perle au sein profond des eaux?
Ah! si tu dois mourir, bel astre, et si ta tête
Va dans la vaste mer plonger ses blonds cheveux,
Avant de nous quitter, un seul instant arrête; —
Étoile de l'amour, ne descends pas des cieux[*]!]

---

[*] Ces vingt-quatre vers sont répétés dans *Frédéric et Bernerette.*

II

. . . .

« C'est vrai, Bell, répondit Georgette à son amie ;
Souvent jusqu'à la nuit j'aime à rester ici.
La mer y vient mourir sur la plage endormie...

— Mais qu'as-tu ? dit Bella ; pourquoi pleurer ainsi ?

— Restons, restons toujours ; ce sont de douces larmes...
Douces et sans motif... et des larmes pourtant !
As-tu peur ? mais la peur elle-même a ses charmes...
C'est mon plaisir du soir ; restons un seul instant.

— Hélas ! bonne Georgette, il faut bien qu'on te cède ;
Mais la nuit va venir, et... Dieu nous soit en aide !
Pourquoi donc dans ma main sens-je frémir ta main ! »

Georgette, en soupirant, regarda son amie :

« Ainsi, Bella, pour toi, de ce double chemin
Où l'on dit que nos pas s'égarent dans la vie,
Un seul, un seul existe et te sera connu !
L'hiver prochain, dis-moi, Bell, quel âge auras-tu ?
Mais que dis-je ? notre âge est à peu près le même.
Je suis folle, et c'est tout. Pauvre Bella, je t'aime
Du fond du cœur.

— Mon Dieu ! Georgina, qu'as-tu donc ?
Tu ne te soutiens plus...

— Pardon, chère, pardon !
Tiens, donne-moi ton bras, et revenons ensemble. »

Toutes deux lentement marchèrent quelques pas.

« Non ! cria Georgina, non, je ne le puis pas !
Je ne puis pas le fuir ! N'est-ce pas qu'il te semble,
Bella, que je suis pâle et que je dois souffrir ?
C'est le bruit de ces flots, de ce vent qui murmure,
C'est l'aspect de ces bois, c'est toute la nature
Qui me brise le cœur et qui me fait mourir !...
Ah ! Bella, ma Bella, rien que par la pensée,
Tant souffrir ! Quelle nuit terrible j'ai passée !
Terrible et douce, amie ! écoute, écoute-moi...

— Parle, ma Georgina, raconte-moi ta peine.

— Oui, tout à toi, Bella, car ma pauvre âme est pleine,
Et qui me soutiendra, chère, si ce n'est toi ?
Sœur de mon âme, écoute. O mon unique amie,
C'est de bonheur, Bella, que je meurs ! c'est ma vie
Qui dans cet océan se perd comme un ruisseau.
Pour toi, ces eaux, ces bois, tout est muet, ma chère !
Viens, ma bouche et mon cœur t'en diront le mystère...
Rappelons-nous Hamlet, et sois mon Horatio. »

IV

. . . .
Au bord d'une prairie, où la fraîche rosée
Incline au vent du soir la bruyère arrosée,
Le château de Smolen, vénérable manoir,
Découpe son portail sous un ciel triste et noir.
C'est au pied de ces murs que Tiburce s'arrête.
Il écoute. — A travers les humides vitraux,
Il voit passer une ombre et luire des flambeaux :
« A cette heure! dit-il. Est-ce encore une fête? »
Puis, avec un murmure, il ajoute plus bas :
« M'aurait-elle trompé? » Dans ce moment, un pas
Au penchant du coteau semble se faire entendre...
Il est sans armes, seul. — Viendrait-on le surprendre?

Il hésite, — il approche à pas silencieux.
Caché sous le portail que couvre une ombre épaisse,
Tour à tour près du mur il se penche et se baisse...
Quel spectacle imprévu vient de frapper ses yeux!

Près de l'ardent foyer où le chêne pétille,
Le vieux Smolen courbé récite à haute voix
L'oraison qu'après lui répète sa famille.
Comme dans ce guerrier si terrible autrefois
La sainte paix de l'âme efface les années!

Il prie, et cependant deux femmes inclinées
Pour parler au Seigneur se reposent sur lui.
Tiburce les connaît; l'une est âgée — et l'autre...
— Corrupteur, corrupteur, que viens-tu faire ici?
Vois! elle est à genoux, mais les chants de l'apôtre
Ne retentissent plus dans le fond de son cœur.
Pourquoi ces mouvements, ces yeux fixés à terre?...
Qui rendra maintenant cette fille à son père?...
Qui sait si ce vieillard, certain de son honneur,
Tout en priant ainsi, n'a pas de sa parole
Détourné sa pensée, et s'il ne bénit pas
En ce moment, hélas! l'enfant qui le console,
Et dont l'ange gardien fuit au bruit de tes pas?...

Mais non, non, ce vieillard ne saurait douter d'elle.
Soixante ans de vertu l'ont fait croire au bonheur.
Georgina s'est levée. — Ah! que cette pâleur
Lui sied bien à tes yeux, Tiburce, et qu'elle est belle!
Courbe-toi, jeune fille, et du pied de l'autel
Viens présenter ton front au baiser paternel.
Presse, en te retirant, sur ta lèvre brûlante,
La main de ce vieillard; — encor! — bien! presse-la!
N'entends-tu pas ton cœur, douce et loyale amante,
Ton cœur qui bat de joie, et te crie : « Il est là! »

Il est là, miss Smolen, qui t'attend, et qui compte
Les bénédictions d'un père à son enfant.
Il est là, sur le seuil, qui descend et qui monte,

Comme un larron de nuit que la frayeur surprend.
Hâte-toi, le temps fuit! l'horizon se colore!
L'astre des nuits bientôt va briller, — hâte-toi!

Mais à peine au château quelques clartés encore
S'agitent çà et là. — Le silence, — l'effroi.
Quelques pas, quelques sons traversent la nuit sombre;
Une porte a gémi dans un long corridor. —
Tiburce attend toujours. — Le ravisseur, dans l'ombre,
N'a-t-il pas des pensers de meurtrier? — Tout dort.

Oh! qui n'a pas senti son cœur battre plus vite
A l'heure où sous le ciel l'homme est seul avec Dieu;
Qui ne s'est retourné, croyant voir à sa suite
Quelque forme glisser, — quand des lignes de feu,
Se croisant en tout sens, brillent dans les ténèbres,
Comme les veines d'or du mur d'airain des nuits!...
Lorsque l'homme effrayé, soulevant les tapis
Qui se froissent sur lui, croit que des cris funèbres
De courir à son or sont venus l'avertir...
Malheur! Quand la nuit vient, l'homme est fait pour dormir.

Il est certain qu'alors l'Effroi sur notre tête
Passe comme le vent sur la cime des bois,
Et lorsqu'à son aspect le cœur manque, il s'arrête,
Et saisit aux cheveux l'homme resté sans voix.

Derrière l'angle épais d'une fenêtre obscure,
Tiburce resté seul avançait à grands pas.

Aux rayons de la lune une blanche figure
Parut à son approche et glissa dans ses bras :
« Hélas! après deux ans! » dit-elle, et sa pensée
Mourut dans un soupir sur sa lèvre glacée...

V

« Qu'avez-vous, mon ami? pourquoi ce front chagrin?
Seigneur, me cachez-vous vos sujets de tristesse?
Vous avez négligé de prier ce matin;
Cher seigneur, vous souffrez. Le mal qui vous oppresse
Me fait souffrir aussi.

— Rien, rien, dit le vieillard.
Où donc est votre fille? elle descend bien tard.

— Dieu du ciel! Georgina, mon cher seigneur, vous aime,
Et vos chagrins la font souffrir comme moi-même;
Elle pleure. O Smolen! qui vous a, cette nuit,
Fait tout à coup ainsi sortir de votre lit?
— Silence! disiez-vous; — et cependant, pensai-je,
Les chemins et les toits sont recouverts de neige.
Hélas! je parle au nom d'une vieille amitié,
Qui de vos soixante ans a porté la moitié.

— Je suis malade, femme, et rien de plus.

LE SAULE.

—Malade?
Quoi! Smolen est malade, et par cette saison
Expose son front chauve à l'agitation
D'une nuit de tempête? Et seul, la nuit, s'évade
En me criant : — Silence! — ainsi qu'un assassin
Que l'esprit de malheur conduit à son dessein?
Oui, vous êtes malade, ou je suis bien trompée.
C'est le cœur, cher seigneur, le cœur qui souffre en vous.
Pitié, mon Dieu! Pourquoi demander votre épée?
Où voulez-vous aller? Seigneur, songez à nous.
Allez-vous dans le deuil laisser votre famille?

— Rien, rien, dit le vieillard. Mais où donc est ma fille?

VI

Comme avec majesté sur ces roches profondes
Que l'inconstante mer ronge éternellement,
Du sein des flots émus sort l'astre tout-puissant,
Jeune et victorieux, — seule âme des deux mondes!
L'Océan, fatigué de suivre dans les cieux
Sa déesse voilée au pas silencieux,
Sous les rayons divins retombe et se balance.
Dans les ondes sans fin plonge le ciel immense.
La terre lui sourit. — C'est l'heure de prier.

Être sublime! Esprit de vie et de lumière,

Qui, reposant ta force au centre de la terre,
Sous ta céleste chaîne y restes prisonnier !
Toi, dont le bras puissant, dans l'éternelle plaine,
Parmi les astres d'or la soulève et l'entraîne
Sur la route invisible, où d'un regard de Dieu
Tomba dans l'infini l'hyperbole de feu !
Tu peux faire accourir ou chasser la tempête
Sur ce globe d'argile à l'espace jeté,
D'où vers son Créateur l'homme élevant sa tête
Passe et tombe en rêvant une immortalité ;
Mais comme toi son sein renferme une étincelle
De ce foyer de vie et de force éternelle,
Vers lequel en tremblant le monde étend le bras,
Prêt à s'anéantir, s'il ne l'animait pas !
Son essence à la tienne est égale et semblable.
Lorsque Dieu l'en tira pour lui donner le jour,
Il te fit immortel, et le fit périssable.
Il te fit solitaire, et lui donna l'amour.
Amour ! torrent divin de la source infinie !
O dieu d'oubli, dieu jeune, au front pâle et charmant !
Toi que tous ces bonheurs, tous ces biens qu'on envie
Font quelquefois de loin sourire tristement,
Qu'importe cette mer, son calme et ses tempêtes,
Et ces mondes sans nom qui roulent sur nos têtes,
Et le temps et la vie, au cœur qui t'a connu ?
Fils de la Volupté, père des Rêveries,
Tes filles sur ton front versent leurs fleurs chéries,
Ta mère en soupirant t'endort sur son sein nu !

LE SAULE.

A cette heure d'espoir, de mystère et de crainte
Où l'oiseau des sillons annonce le matin,
Tiburce de la ville avait gagné l'enceinte,
Et de son pauvre toit reprenait le chemin.
Tout se taisait au loin dans les blanches prairies;
Tout, jusqu'au souvenir, se taisait dans son cœur.
Pour la nature et l'homme, ainsi parfois la vie
A ses jours de soleil et ses jours de bonheur.
C'est une pause, un calme, une extase indicible.
Le Temps, ce voyageur qu'une main invisible,
D'âge en âge, à pas lents, mène à l'éternité,
Sur le bord du chemin, pensif, s'est arrêté.

Ah! brûlante, brûlante, ô nature! est la flamme
Que d'un être adoré la main laisse à la main,
Et la lèvre à la lèvre, et l'âme au fond de l'âme!
Devant tes voluptés, ô Nuit, c'est le Matin
Qui devrait disparaître et replier ses ailes!
Pourquoi te réveiller, quand, loin des feux du jour,
Aux accents éloignés de tes sœurs immortelles,
Tes beaux yeux se fermaient dans les bras de l'Amour?
Que fais-tu, jeune fille, à cette heure craintive?
Lèves-tu ton front pâle au bord du flot dormant,
Pour suivre à l'horizon les pas de ton amant?
La vaste mer, Georgette, a couvert cette rive.
L'écume de ses eaux trompera tes regards.
Tu la prendras de loin pour le pied des remparts
Où de ton bien-aimé tu crois voir la demeure.

Rentre, cœur plein d'amour! les vents d'est à cette heure
Glissent dans tes cheveux, et leur souffle est glacé.
Retourne au vieux manoir, et songe au temps passé !

Sous les brouillards légers qui dérobaient la terre,
Tiburce dans les prés s'avançait lentement.
Il atteignit enfin la maison solitaire
Que rougissaient déjà les feux de l'orient. —
Ce fut à ce moment qu'en refermant sa porte
Il sentit tout à coup un bras lui résister :
« Qui donc lutte avec moi? dit-il d'une voix forte.
— Homme, dit le vieillard, songez à m'écouter. »

VII

. . . .

C'est une chose étrange, à cet instant du jour,
De voir ainsi les sœurs, au fond de ce vieux cloître,
Parler en s'agitant, et passer tour à tour.
Tantôt subitement le bruit semble s'accroître,
Puis tout à coup il cesse, et tous pour un moment
Demeurent en silence, et comme dans la crainte
De quelque singulier et triste événement.
Écoutez ! — écoutez ! — N'est-ce pas une plainte
Que nous venons d'entendre? On dirait une voix
Qui souffre et qui gémit pour la dernière fois.

LE SAULE.

Elle sort d'un caveau que la foule environne.
Des pleurs, un crucifix, des femmes à genoux...
O sœurs, ô pâles sœurs! sur qui donc priez-vous?
Qui de vous va mourir? Qui de vous abandonne
Un vain reste de jours oubliés et perdus?
Car vous, filles de Dieu, vous ne les comptez plus.
Que le sort les épargne ou qu'il vous les demande,
Vous attendez la mort dans des habits de deuil;
Et qui sait si pour vous la distance est plus grande,
Ou de la vie au cloître, — ou du cloître au cercueil?

Inclinée à demi sur le bord de sa couche,
Une femme, — une enfant, faible, mais belle encor,
Semble en se débattant lutter avec la mort.
Ses bras cherchent dans l'ombre et se tordent. Sa bouche
Fait pour baiser la croix des efforts impuissants.
Elle pleure, — elle crie, — elle appelle à voix haute
Sa mère... — O pâles sœurs, quelle fut donc sa faute?
Car ce n'est pas ainsi que l'on meurt à seize ans.

Le soleil a deux fois rendu le jour au monde
Depuis que dans ce cloître un vieillard l'amena.
Il regarda tomber sa chevelure blonde,
Lui montra sa cellule, — et puis lui pardonna.
Elle était à genoux quand il s'éloigna d'elle;
Mais en se relevant une pâleur mortelle
La força de chercher un bras pour s'appuyer, —
Et depuis ce moment on n'a plus qu'à prier.

Ah ! priez sur ce lit ! priez pour la mourante !
Si jeune ! et voyez-la, sa main faible et tremblante
Vous montre en expirant le lieu de la douleur, —
Et, quel que soit son mal, il est venu du cœur.

Savez-vous ce que c'est qu'un cœur de jeune fille ?
Ce qu'il faut pour briser ce fragile roseau
Qui ploie et qui se courbe au plus léger fardeau ?
L'amitié, — le repos, — celui de sa famille, —
La douce confiance, — et sa mère, — et son Dieu, —
Voilà tous ses soutiens ; qu'un seul lui manque, adieu !
Ah ! priez. Si la mort, à son heure dernière,
A la clarté du ciel entr'ouvrait sa paupière,
Peut-être elle dirait, avant de la fermer,
Comme Desdemona : « Tuer pour trop aimer. »

Il est sous le soleil de douces créatures
Sur qui le ciel versa ses beautés les plus pures,
Êtres faibles et bons, trop charmants pour souffrir,
Que l'homme peut tuer, mais qu'il ne peut flétrir.
Le Malheur, ce vieillard à la main desséchée,
Voit s'incliner leur tête avant qu'il l'ait touchée ;
Ils veulent ici-bas d'un trône, — ou d'un tombeau.

Telles furent, hélas ! bien des infortunées
Que dévora la tombe au sortir du berceau,
Que le ciel au bonheur avait prédestinées ; —
Et telle fut aussi celle qui va mourir.

Déjà le mal atteint les sources de la vie.
A peine, soulevant sa tête appesantie,
Sa main, son bras tremblant, peuvent la soutenir.
Cependant elle cherche, — elle écoute sans cesse;
A travers les vitraux, sur la muraille épaisse,
Tombe un rayon. — Hélas! c'est encore un beau jour.
Tout renaît, la chaleur, la vie et la lumière.
Ah! c'est quand un beau ciel sourit à notre terre,
Que l'aspect de ces biens qui nous fuient sans retour
Nous montre quel désert emplissait notre amour!

Mais qui ne sait, hélas! que toujours l'Espérance,
Des célestes gardiens veillant sur la souffrance,
Est le dernier qui reste auprès du lit de mort?
Jetant quelques parfums dans la flamme expirante,
Et jusqu'à son cercueil emportant la mourante,
Elle berce en chantant la Douleur qui s'endort.

Si loin qu'à l'horizon son regard peut s'étendre,
L'œil de la pauvre enfant sur l'eau s'est arrêté :
Quoi! rien? murmure-t-elle;—et que peut-elle attendre?
Mais la Mort, à pas lents, vient de l'autre côté.
L'Océan tout à coup, et le ciel et la terre
Tournent, — tout se confond. — Le fanal solitaire,
Comme un homme enivré, chancelle. — Ange des cieux!
N'est-ce pas pour toujours qu'elle a fermé les yeux?

La grille en cet instant a résonné. — Silence !

Un pas se fait entendre, — un jeune homme s'élance.
Il est couvert d'un froc. — Tous se sont écartés.
Il traverse la foule à pas précipités :

« Mes sœurs, demande-t-il, où donc est la novice ? »

Il l'a vue ; un soupir dans l'ombre a répondu.
Alors, d'un ton de voix qui veut qu'on obéisse :
« Georgette, lui dit-il, Georgette, m'entends-tu ? »

En prononçant ces mots, le frère se découvre,
De la malade alors la paupière s'entr'ouvre ;
L'a-t-elle reconnu ? Son œil terne et hagard
Est voilé d'un nuage et se perd dans le vide.
Il doute, — sur son front passe un éclair rapide.
« Laissez-nous seuls, dit-il, je suis venu trop tard. »
Le ciel s'obscurcissait. — Les traits de la mourante
S'effaçaient par degrés sous la clarté tremblante.
Auprès de son chevet le crucifix laissé
De ses débiles mains à terre avait glissé.
Le silence régnait dans tout le monastère,
Un silence profond, — triste, — et que par moment
Interrompait un faible et sourd gémissement.
Sous le rideau du lit courbant son front sévère,
L'étranger immobile écoutait, — regardait ; —
Tantôt il suppliait, — tantôt il ordonnait.
On distingua de loin quelques gestes bizarres,
Accompagnés de mots que nul ne saisissait,

Mais qui, prononcés bas, et de plus en plus rares,
Après quelques moments cessèrent tout à fait.
Au nom de l'ordre saint dont il se disait frère,
Auprès de la malade on l'avait laissé seul...
Sur le bord de la couche il vit pendre un linceul :
« Trop tard, répéta-t-il, trop tard ! » et sur la terre
Il tomba tout à coup, plein de rage et d'horreur.

Hommes, vous qui savez comprendre la douleur,
Gémir, jeter des fleurs, prier sur une tombe,
Pensez-vous quelquefois à ce que doit souffrir
Celui qui voit ainsi l'infortuné qui tombe,
Et lui tend une main qu'il ne peut plus saisir?
Celui qui sur un lit vient pencher son front blême
Où les nuits sans sommeil ont gravé leur pâleur,
Et là, d'un œil ardent, chercher sur ce qu'il aime,
Comme un signe de vie, un signe de douleur ;
Qui, suspendant son âme à cette âme adorée,
S'attache à ce rameau qui va l'abandonner;
Qui, maudissant le jour et sa vue abhorrée,
Sent son cœur plein de vie, et n'en peut rien donner!

Et lorsque la dernière étincelle est éteinte,
Quand il est resté là, — sans espoir et sans crainte,
— Qu'il contemple ces traits, ce calme plein d'horreur,
Ces longs bras amaigris traînant hors de la couche,
Ce corps frêle et roidi, ces yeux et cette bouche
Où le néant ressemble encore à la douleur...

Il soulève une main qui retombe glacée ;
Et s'il doute, insensé ! s'il se retourne, il voit
La Mort branlant la tête, et lui montrant du doigt
L'être pâle, étendu sans vie et sans pensée.

VIII

Tout est fini ; la cendre est rendue à la terre.
Le ministre est parti, — peut-être l'attend-on.
Tu t'es évanouie ! ô toi, fleur solitaire !
Il ne reste plus rien, — rien qu'un tombeau sans nom.
Personne n'a suivi sa dépouille mortelle.
Aucun pas n'est marqué sur le bord du chemin.
Son vieux père est trop faible, et d'ailleurs, privé d'elle,
Plus loin encor, peut-être, il la suivra demain.

Descends donc, pauvre fille, en ta tombe ignorée,
Sous ta pierre mal jointe et d'herbes entourée !
Cette terre est fertile, et va bientôt fleurir
Sur le débris nouveau qu'elle vient de couvrir...
O terre ! toi qui sais sous la tombe muette
Garder si bien les morts que l'Océan rejette,
Quand ton sein, fécondé par la corruption,
Redemande la vie à la destruction,
Qu'es-tu donc qu'un sépulcre immense, et dont l'emblème
Est le serpent roulé qui se ronge lui-même ?

LE SAULE. 187

[— Mais vous, rêves d'amour, rires, propos d'enfant,
Et toi, charme inconnu dont rien ne se défend,
Qui fis hésiter Faust au seuil de Marguerite,
Doux mystère du toit que l'innocence habite,
Candeur des premiers jours, qu'êtes-vous devenus ? —

Paix profonde à ton âme, enfant ! à ta mémoire !
Adieu ! Ta blanche main sur le clavier d'ivoire
Durant les nuits d'été ne voltigera plus...]

IX

. . . .

Glisse au sein de la nuit, beau brick de *l'Espérance !*
Terre d'Écosse, adieu ! Glisse, fils des forêts !
— Que l'on tienne les yeux, que l'on veille de près
Sur ce jeune homme en deuil qui seul, dans le silence,
De la poupe, en chantant, se penche sur les flots.
Ses yeux sont égarés. Deux fois les matelots
L'ont reçu dans leurs bras, prêt à perdre la vie.
Et cependant il chante, et l'oreille est ravie
Des sons mystérieux qu'il mêle au bruit des vents.
« Le saule... — au pied du saule... » — il parle comme en rêve.
« Barbara ! — Barbara ! » Sa voix baisse, s'élève,
Et des flots tour à tour suit les doux mouvements.
— Enfants, veillez sur lui ! — la force l'abandonne !
Sa voix tombe et s'éteint, — pourtant il chante encor.

Quel peut être le mal qui cause ainsi sa mort ?
Couchez-le sur un lit, enfants, la mer est dure !
— Enseigne, répondit la voix des matelots,
Son manteau recouvrait une large blessure,
D'où son sang goutte à goutte est tombé dans les flots.

. . . .

1830.

LES VŒUX STÉRILES

Puisque c'est ton métier, misérable poëte,
Même en ces temps d'orage, où la bouche est muette,
Tandis que le bras parle, et que la fiction
Disparaît comme un songe au bruit de l'action ;
Puisque c'est ton métier de faire de ton âme
Une prostituée, et que, joie ou douleur,
Tout demande sans cesse à sortir de ton cœur ;
Que du moins l'histrion, couvert d'un masque infâme,
N'aille pas, dégradant ta pensée avec lui,
Sur d'ignobles tréteaux la mettre au pilori ;
Que nul plan, nul détour, nul voile ne l'ombrage.
Abandonne aux vieillards sans force et sans courage
Ce travail d'araignée, et tous ces fils honteux
Dont s'entoure en tremblant l'orgueil qui craint les yeux.
Point d'autel, de trépied, point d'arrière aux profanes !
Que ta muse, brisant le luth des courtisanes,
Fasse vibrer sans peur l'air de la liberté ;
Qu'elle marche pieds nus, comme la vérité.

O Machiavel ! tes pas retentissent encore
Dans les sentiers déserts de San-Casciano.
Là, sous des cieux ardents dont l'air sèche et dévore,
Tu cultivais en vain un sol maigre et sans eau.
Ta main, lasse le soir d'avoir creusé la terre,
Frappait ton pâle front dans le calme des nuits.
Là, tu fus sans espoir, sans proches, sans amis ;
La vile oisiveté, fille de la misère,
A ton ombre en tous lieux se traînait lentement,
Et buvait dans ton cœur les flots purs de ton sang :
« Qui suis-je ? écrivais-tu ; qu'on me donne une pierre,
« Une roche à rouler ; c'est la paix des tombeaux
« Que je fuis, et je tends des bras las du repos. »

C'est ainsi, Machiavel, qu'avec toi je m'écrie :
O médiocrité, celui qui pour tout bien
T'apporte à ce tripot dégoûtant de la vie,
Est bien poltron au jeu, s'il ne dit : Tout ou rien.

Je suis jeune ; j'arrive. A moitié de ma route,
Déjà las de marcher, je me suis retourné.
La science de l'homme est le mépris sans doute ;
C'est un droit de vieillard qui ne m'est pas donné.
Mais qu'en dois-je penser ? Il n'existe qu'un être
Que je puisse en entier et constamment connaître,
Sur qui mon jugement puisse au moins faire foi,
Un seul !... Je le méprise. — Et cet être, c'est moi.

Qu'ai-je fait ? qu'ai-je appris ? — Le temps est si rapide !
L'enfant marche joyeux sans songer au chemin ;
Il le croit infini, n'en voyant pas la fin.
Tout à coup il rencontre une source limpide,
Il s'arrête, il se penche, il y voit un vieillard.
Que me dirai-je alors ? Quand j'aurai fait mes peines,
Quand on m'entendra dire : Hélas ! il est trop tard ;
Quand ce sang, qui bouillonne aujourd'hui dans mes veines,
Et s'irrite en criant contre un lâche repos,
S'arrêtera, glacé jusqu'au fond de mes os...
O vieillesse, à quoi donc sert ton expérience ?
Que te sert, spectre vain, de te courber d'avance
Vers le commun tombeau des hommes, si la mort
Se tait en y rentrant, lorsque la vie en sort?
N'existait-il donc pas à cette loterie
Un joueur par le sort assez bien abattu
Pour que, me rencontrant sur le seuil de la vie,
Il me dit en sortant : N'entrez pas, j'ai perdu !

Grèce, ô mère des arts, terre d'idolâtrie,
De mes vœux insensés éternelle patrie,
J'étais né pour ces temps où les fleurs de ton front
Couronnaient dans les mers l'azur de l'Hellespont.
Je suis un citoyen de tes siècles antiques ;
Mon âme avec l'abeille erre sous tes portiques.
La langue de ton peuple, ô Grèce, peut mourir ;
Nous pouvons oublier le nom de tes montagnes ;
Mais qu'en fouillant le sein de tes blondes campagnes

Nos regards tout à coup viennent à découvrir
Quelque dieu de tes bois, quelque Vénus perdue...
La langue que parlait le cœur de Phidias
Sera toujours vivante et toujours entendue ;
Les marbres l'ont apprise, et ne l'oublieront pas.
Et toi, vieille Italie, où sont ces jours tranquilles
Où sous le toit des cours Rome avait abrité
Les arts, ces dieux amis, fils de l'oisiveté ?
Quand tes peintres alors s'en allaient par les villes,
Élevant des palais, des tombeaux, des autels,
Triomphants, honorés, dieux parmi les mortels ;
Quand tout, à leur parole, enfantait des merveilles,
Quand Rome combattait Venise et les Lombards,
Alors c'étaient des temps bien heureux pour les arts !
Là, c'était Michel-Ange, affaibli par les veilles,
Pâle au milieu des morts, un scalpel à la main,
Cherchant la vie au fond de ce néant humain,
Levant de temps en temps sa tête appesantie,
Pour jeter un regard de colère et d'envie
Sur les palais de Rome, où, du pied de l'autel,
A ses rivaux de loin souriait Raphaël.
Là, c'était le Corrége, homme pauvre et modeste,
Travaillant pour son cœur, laissant à Dieu le reste ;
Le Giorgione, superbe, au jeune Titien
Montrant du sein des mers son beau ciel vénitien ;
Bartholomé, pensif, le front dans la poussière,
Brisant son jeune cœur sur un autel de pierre,
Interrogé tout bas sur l'art par Raphaël,

Et bornant sa réponse à lui montrer le ciel...
Temps heureux, temps aimés ! Mes mains alors peut-être,
Mes lâches mains, pour vous auraient pu s'occuper ;
Mais aujourd'hui, pour qui ? dans quel but ? sous quel maître ?
L'artiste est un marchand, et l'art est un métier.
Un pâle simulacre, une vile copie,
Naissent sous le soleil ardent de l'Italie...
Nos œuvres ont un an, nos gloires ont un jour ;
Tout est mort en Europe, — oui, tout, — jusqu'à l'amour.

Ah ! qui que vous soyez, vous qu'un fatal génie
Pousse à ce malheureux métier de poésie,
Rejetez loin de vous, chassez-moi hardiment
Toute sincérité, gardez que l'on ne voie
Tomber de votre cœur quelques gouttes de sang ;
Sinon, vous apprendrez que la plus courte joie
Coûte cher, que le sage est ami du repos,
Que les indifférents sont d'excellents bourreaux.
Heureux, trois fois heureux, l'homme dont la pensée
Peut s'écrire au tranchant du sabre ou de l'épée !
Ah ! qu'il doit mépriser ces rêveurs insensés
Qui, lorsqu'ils ont pétri d'une fange sans vie
Un vil fantôme, un songe, une froide effigie,
S'arrêtent pleins d'orgueil, et disent : C'est assez !
Qu'est la pensée, hélas ! quand l'action commence ?
L'une recule où l'autre intrépide s'avance.
Au redoutable aspect de la réalité,
Celle-ci prend le fer, et s'apprête à combattre ;

Celle-là, frêle idole, et qu'un rien peut abattre,
Se détourne, en voilant son front inanimé.

Meurs, Weber ! meurs courbé sur ta harpe muette ;
Mozart t'attend. — Et toi, misérable poëte,
Qui que tu sois, enfant, homme, si ton cœur bat,
Agis ! Jette ta lyre ; — au combat, au combat !
Ombre des temps passés, tu n'es pas de cet âge.
Entend-on le nocher chanter pendant l'orage ?
A l'action ! au mal ! Le bien reste ignoré.
Allons ! cherche un égal à des maux sans remède.
Malheur à qui nous fit ce sens dénaturé !
Le mal cherche le mal, et qui souffre nous aide.
L'homme peut haïr l'homme, et fuir, mais malgré lui :
Sa douleur tend la main à la douleur d'autrui.
C'est tout. Pour la pitié, ce mot dont on nous leurre,
Et pour tous ces discours prostitués sans fin,
Que l'homme au cœur joyeux jette à celui qui pleure,
Comme le riche jette au mendiant son pain,
Qui pourrait en vouloir ? et comment le vulgaire,
Quand c'est vous qui souffrez, pourrait-il le sentir,
Lui que Dieu n'a pas fait capable de souffrir ?
Allez sur une place, étalez sur la terre
Un corps plus mutilé que celui d'un martyr,
Informe, dégoûtant, traîné sur une claie,
Et soulevant déjà l'âme prête à partir ;
La foule vous suivra. Quand la douleur est vraie,
Elle l'aime. Vos maux, dont on vous saura gré,

Feront horreur à tous, à quelques-uns pitié.
Mais changez de façon : découvrez-leur une âme
Par le chagrin brisée, une douleur sans fard,
Et dans un jeune cœur des regrets de vieillard ;
Dites-leur que sans mère, et sans sœur, et sans femme,
Sans savoir où verser, avant que de mourir,
Les pleurs que votre sein peut encor contenir,
Jusqu'au soleil couchant vous n'irez point peut-être...
Qui trouvera le temps d'écouter vos malheurs?
On croit au sang qui coule, et l'on doute des pleurs.
Votre ami passera, mais sans vous reconnaître.

—Tu te gonfles, mon cœur?... Des pleurs, le croirais-tu?
Tandis que j'écrivais, ont baigné mon visage.
Le fer me manque-t-il, ou ma main sans courage
A-t-elle lâchement glissé sur mon sein nu?
— Non, rien de tout cela. Mais si loin que la haine
De cette destinée aveugle et sans pudeur
Ira, j'y veux aller. — J'aurai du moins le cœur
De la mener si bas que la honte l'en prenne.

1831.

OCTAVE

FRAGMENT

Ni ce moine rêveur, ni ce vieux charlatan,
N'ont deviné pourquoi Mariette est mourante.
Elle est frappée au cœur, la belle indifférente ;
Voilà son mal, — elle aime. — Il est cruel pourtant
De voir, entre les mains d'un cafard et d'un âne,
Mourir cette superbe et jeune courtisane.
Mais chacun a son jour, et le sien est venu ;
Pour moi, je ne crois guère à ce mal inconnu.
Tenez, — la voyez-vous, seule, au pied de ces arbres,
Chercher l'ombre profonde et la fraîcheur des marbres,
Et plonger dans le bain ses membres en sueur ?
Je gagerais mes os qu'elle est frappée au cœur.
Regardez : c'est ici, sous ces longues charmilles,
Qu'hier encor, dans ses bras, loin des rayons du jour,
Ont pâli les enfants des plus nobles familles.
Là s'exerçait dans l'ombre un redoutable amour ;
Là, cette Messaline ouvrait ses bras rapaces

Pour changer en vieillards ses frêles favoris,
Et, répandant la mort sous des baisers vivaces,
Buvait avec fureur ses éléments chéris,
L'or et le sang. —

     Hélas! c'en est fait, Mariette.
Maintenant te voilà solitaire et muette.
Tu te mires dans l'eau; sur ce corps si vanté
Tes yeux cherchent en vain ta fatale beauté.
Va courir maintenant sur les places publiques.
Tire par leurs manteaux tes amants magnifiques.
Ceux qui, l'hiver dernier, t'ont bâti ton palais,
T'enverront demander ton nom par leurs valets.
Le médecin s'éloigne en haussant les épaules;
Il soupire, et se dit que l'art est impuissant.
Quant au moine stupide, il ne sait que deux rôles,
L'un pour le criminel, l'autre pour l'innocent;
Et, voyant une femme en silence s'éteindre,
Ne sachant s'il devait ou condamner, ou plaindre,
D'une bouche tremblante il les a dits tous deux.
Maria! Maria! superbe créature,
Tu seras ce chasseur imprudent que les dieux
Aux chiens qu'il nourrissait jetèrent en pâture.

Sous le tranquille abri des citronniers en fleurs,
L'infortunée endort le poison qui la mine;
Et, comme Madeleine, on voit sur sa poitrine
Ruisseler les cheveux ensemble avec les pleurs.

Était-ce un connaisseur en matière de femme,
Cet écrivain qui dit que, lorsqu'elle sourit,
Elle vous trompe? elle a pleuré toute la nuit!
Ah! s'il est vrai qu'un œil plein de joie et de flamme,
Une bouche riante, et de légers propos;
Cachent des pleurs amers et des nuits de sanglots;
S'il est vrai que l'acteur ait l'âme déchirée
Quand le masque est fardé de joyeuses couleurs,
Qu'est-ce donc quand la joue est ardente et plombée,
Quand le masque lui-même est inondé de pleurs?
Je ne sais si jamais l'éternelle justice
A du plaisir des dieux fait un plaisir permis;
Mais, s'il m'était donné de dire à quel supplice
Je voudrais condamner mon plus fier ennemi,
C'est toi, pâle souci d'une amour dédaignée,
Désespoir misérable et qui meurs ignoré,
Oui, c'est toi, ce serait ta lame empoisonnée
Que je voudrais briser dans un cœur abhorré!
Savez-vous ce que c'est que ce mal solitaire?
Ce qu'il faut en souffrir seulement pour s'en taire?
Pour que toute une mer d'angoisses et de maux
Demeure au fond du crâne, entre deux faibles os?

Et comment voudrait-il, l'insensé, qu'on le plaigne?
Sois méprisé d'un seul, c'est à qui t'oubliera.
D'ailleurs, l'inexorable orgueil n'est-il pas là?
L'orgueil, qui craint les yeux, et, sur son flanc qui saigne,
Retient, comme César, jusque sous le couteau,

De ses débiles mains les plis de son manteau.

. . . .

Sur les flots engourdis de ces mers indolentes,
Le nonchalant Octave, insolemment paré,
Ferme et soulève, au bruit des valses turbulentes,
Ses yeux, ses beaux yeux bleus, qui n'ont jamais pleuré.
C'est un chétif enfant ; — il commence à paraître.
Personne jusqu'ici ne l'avait aperçu.
On raconte qu'un jour, au pied de sa fenêtre,
La belle Mariette en gondole l'a vu.
Une vieille ce soir l'arrête à son passage :
« Hélas ! a-t-elle dit d'une tremblante voix,
« Elle voudrait vous voir une dernière fois. »
Mais Octave, à ces mots, découvrant son visage,
A laissé voir un front où la joie éclatait :
« Mariette se meurt ! est-on sûr qu'elle meure ?
Dit-il. — Le Médecin lui donne encore une heure.
— Alors, réplique-t-il, porte-lui ce billet. »
Il écrivit ces mots du bout de son stylet :
« Je suis femme, Maria ; tu m'avais offensée.
« Je puis te pardonner, puisque tu meurs par moi.
« Tu m'as vengée ! adieu. — Je suis la fiancée
« De Petruccio Balbi qui s'est noyé pour toi. »

1831.

LES SECRÈTES PENSÉES DE RAFAEL

GENTILHOMME FRANÇAIS

FRAGMENT

O vous, race des dieux, phalange incorruptible,
Électeurs brevetés des morts et des vivants;
Porte-clefs éternels du mont inaccessible,
Guindés, guédés, bridés, confortables pédants!
Pharmaciens du bon goût, distillateurs sublimes,
Seuls vraiment immortels, et seuls autorisés;
Qui, d'un bras dédaigneux, sur vos seins magnanimes,
Secouant le tabac de vos jabots usés,
Avez toussé, — soufflé, — passé sur vos lunettes
Un parement brossé pour les rendre plus nettes,
Et, d'une main soigneuse ouvrant l'in-octavo,
Sans partialité, sans malveillance aucune,
Sans vouloir faire cas ni des ha! ni des ho!
Avez lu posément — la Ballade à la lune!!!

Maîtres, maîtres divins, où trouverai-je, hélas!

Un fleuve où me noyer, une corde où me pendre,
Pour avoir oublié de faire écrire au bas :
Le public est prié de ne pas se méprendre.
Chose si peu coûteuse et si simple à présent,
Et qu'à tous les piliers on voit à chaque instant!
Ah! povero, ohimè! — Qu'a pensé le beau sexe?
On dit, maîtres, on dit qu'alors votre sourcil,
En voyant cette lune, et ce point sur cet i,
Prit l'effroyable aspect d'un accent circonflexe!

Et vous, libres penseurs, dont le sobre dîner
Est un conseil d'État; — immortels journalistes!
Vous qui voyez encor, sur vos antiques listes,
Errer de loin en loin le nom d'un abonné!
Savez-vous le *Pater*, et les péchés des autres
Ont-ils grâce à vos yeux, quand vous comptez les vôtres?
— O vieux sir John Falstaff! quel rire eût soulevé
Ton large et joyeux corps, gonflé de vin d'Espagne,
En voyant ces buveurs, troublés par le champagne,
Pour tuer une mouche apporter un pavé!

Salut, jeunes champions d'une cause un peu vieille,
Classiques bien rasés, à la face vermeille,
Romantiques barbus, aux visages blêmis!
Vous qui des Grecs défunts balayez le rivage,
Ou d'un poignard sanglant fouillez le moyen âge,
Salut! — J'ai combattu dans vos camps ennemis.
Par cent coups meurtriers devenu respectable,

Vétéran, je m'assois sur mon tambour crevé.
Racine, rencontrant Shakspeare sur ma table,
S'endort près de Boileau qui leur a pardonné*.
Mais toi, moral troupeau, dont la docte cervelle
S'est séchée en silence aux leçons de Thénard,
Enfants régénérés d'une mère immortelle,
Qui savez parler vers, prose et *naïf dans l'art*,
O jeunesse du siècle! intrépide jeunesse!
Quitteras-tu pour moi le *Globe* ou les *Débats?*
Lisez un paresseux, enfants de la paresse...
Muse, reprends ta lyre, et rouvre-moi tes bras.

France, ô mon beau pays! j'ai de plus d'un outrage
Offensé ton céleste, harmonieux langage,
Idiome de l'amour, si doux qu'à le parler
Tes femmes sur la lèvre en gardent un sourire;
Le miel le plus doré qui sur la triste lyre
De la bouche et du cœur ait pu jamais couler!
Mère de mes aïeux, ma nourrice et ma mère,
Me pardonneras-tu? Serai-je digne encor
De faire sous mes doigts vibrer la harpe d'or?
Ce ne sont plus les fils d'une terre étrangère
Que je veux célébrer, ô ma belle cité!
Je ne sortirai pas de ce bord enchanté
Où, près de ton palais, sur ton fleuve penchée,
Fille de l'Occident, un soir tu t'es couchée...

* En 1831, cette profession de foi littéraire était une grande nouveauté de la part de l'auteur des *Contes d'Espagne et d'Italie*.

Lecteur, puisqu'il faut bien qu'à ce mot redouté
Tôt ou tard, à présent, tout honnête homme en vienne,
C'est, après le dîner, une faiblesse humaine
Que de dormir une heure en attendant le thé.
Vous le savez, hélas! alors que les gazettes
Ressemblent aux greniers dans les temps de disettes,
Ou lorsque, par malheur, on a, sans y penser,
Ouvert quelque pamphlet fatal à l'insomnie,
Quelques *Mémoires sur**** — *Essai de poésie...*
— O livres précieux! serait-ce vous blesser
Que de poser son front sur vos célestes pages,
Tandis que du calice embaumé de l'opium,
Comme une goutte d'eau qu'apportent les orages,
Tombe ce fruit des cieux appelé *somnium!*
Depuis un grand quart d'heure, incliné sur sa chaise,
Rafaël (mon héros) sommeillait doucement.
Remarquez bien, lecteur, et ne vous en déplaise,
Que c'est tout l'opposé d'un héros de roman.
Ses deux bras sont croisés ; — une ample redingote,
Simplicité touchante, enferme sous ses plis
Son corps plus délicat qu'un menton de dévote,
Et ses membres vermeils par le bain assouplis.
Dans ses cheveux, huilés d'un baptême à la rose,
Le zéphyr mollement balance ses pieds nus,
Et son barbet grognon, qui près de lui repose,
Supporte fièrement ses deux pieds étendus ;
Tandis qu'à ses côtés, sous le vase d'albâtre
Où dort dans les glaçons le bourgogne mousseux,

Le pudding entamé, de sa flamme bleuâtre,
Salamandre joyeuse, égaie encor les yeux.
Son parfum, qui se mêle au tabac de Turquie,
Croise autour des lambris son brouillard azuré,
Qui s'enfuit comme un songe et s'éteint par degré.

Trois cigares le soir, quand le jeu vous ennuie,
Sont un moyen divin pour mettre à mort le temps.
Notre âme (si Dieu veut que nous ayons une âme)
N'est pas assurément une plus douce flamme,
Un feu plus vif, formé de rayons plus ardents,
Que ce sylphe léger qui plonge et se balance
Dans le bol où le punch rit sur son trépied d'or.
Le grog est fashionable, et le vieux vin de France
Réveille au fond du cœur la gaieté qui s'endort.
— Mais quel homme, fût-il né dans la Sibérie
Des baisers engourdis de deux êtres glacés ;
Eût-on sous un cilice étouffé de sa vie
La sève languissante et les germes usés ;
Se fût-il dans la cendre abreuvé dès l'enfance
De végétaux sans suc et d'herbes sans chaleur ;
Quel homme, au triple aspect du punch, du vin de France,
Et du cigarero, ne sentirait son cœur
Plein d'une joie ardente et d'une molle ivresse,
S'ouvrir au paradis des rêves de jeunesse ?...

Reine, reine des cieux, ô mère des amours,
Noble, pâle beauté, douce Aristocratie !

Fille de la richesse... ô toi, toi qu'on oublie,
Que notre pauvre France aimait dans ses vieux jours !
Toi que jadis, du haut de son paratonnerre,
Le roturier Franklin foudroya sur la terre
Où le colon grillé gouverne en liberté
Ses noirs, et son tabac par les lois prohibé ;
Toi qui créas Paris, tuas Athène et Sparte,
Et, sous le dais sanglant de l'impérial pavois,
Comme autrefois César, endormis Bonaparte
Aux murmures lointains des peuples et des rois ! —
Toi qui, dans ton printemps, de roses couronnée,
Et, comme Iphigénie, à l'autel entraînée,
Jeune, tombas frappée au cœur d'un coup mortel...

— As-tu quitté la terre et regagné le ciel ?
Nous te retrouverons, perle de Cléopâtre,
Dans la source féconde, à la teinte rougeâtre,
Qui dans ses flots profonds un jour te consuma...

« Hé ! hé ! dit une voix, parbleu ! mais le voilà.

— Messieurs, dit Rafaël, entrez, j'ai fait un somme. »

1831.

CHANSON

J'ai dit à mon cœur, à mon faible cœur :
N'est-ce point assez d'aimer sa maîtresse ?
Et ne vois-tu pas que changer sans cesse,
C'est perdre en désirs le temps du bonheur ?

Il m'a répondu : Ce n'est point assez,
Ce n'est point assez d'aimer sa maîtresse ;
Et ne vois-tu pas que changer sans cesse
Nous rend doux et chers les plaisirs passés ?

J'ai dit à mon cœur, à mon faible cœur :
N'est-ce point assez de tant de tristesse ?
Et ne vois-tu pas que changer sans cesse
C'est à chaque pas trouver la douleur ?

Il m'a répondu : Ce n'est point assez,
Ce n'est point assez de tant de tristesse ;
Et ne vois-tu pas que changer sans cesse
Nous rend doux et chers les chagrins passés ?

1831.

A PÉPA

Pépa, quand la nuit est venue,
Que ta mère t'a dit adieu;
Que sous ta lampe, à demi nue,
Tu t'inclines pour prier Dieu;

A cette heure où l'âme inquiète
Se livre au conseil de la nuit;
Au moment d'ôter ta cornette,
Et de regarder sous ton lit;

Quand le sommeil sur ta famille
Autour de toi s'est répandu;
O Pépita, charmante fille,
Mon amour, à quoi penses-tu?

Qui sait? Peut-être à l'héroïne
De quelque infortuné roman;
A tout ce que l'espoir devine
Et la réalité dément;

Peut-être à ces grandes montagnes
Qui n'accouchent que de souris ;
A des amoureux en Espagne,
A des bonbons, à des maris ;

Peut-être aux tendres confidences
D'un cœur naïf comme le tien ;
A ta robe, aux airs que tu danses,
Peut-être à moi, — peut-être à rien.

1831.

A JUANA

O ciel! je vous revois, madame, —
De tous les amours de mon âme
Vous le plus tendre et le premier.
Vous souvient-il de notre histoire ?
Moi, j'en ai gardé la mémoire : —
C'était, je crois, l'été dernier.

Ah! marquise, quand on y pense,
Ce temps qu'en folie on dépense,
Comme il nous échappe et nous fuit!
Sais-tu bien, ma vieille maîtresse,
Qu'à l'hiver, sans qu'il y paraisse,
J'aurai vingt ans, et toi dix-huit?

Eh bien! m'amour, sans flatterie,
Si ma rose est un peu pâlie,
Elle a conservé sa beauté.
Enfant! jamais tête espagnole

Ne fut si belle, ni si folle. —
Te souviens-tu de cet été?

De nos soirs, de notre querelle?
Tu me donnas, je me rappelle,
Ton collier d'or pour m'apaiser, —
Et pendant trois nuits, que je meure,
Je m'éveillai tous les quarts d'heure
Pour le voir et pour le baiser!

Et ta duègne, ô duègne damnée!
Et la diabolique journée
Où tu pensas faire mourir,
O ma perle d'Andalousie,
Ton vieux mari de jalousie,
Et ton jeune amant de plaisir!

Ah! prenez-y garde, marquise,
Cet amour-là, quoi qu'on en dise,
Se retrouvera quelque jour.
Quand un cœur vous a contenue,
Juana, la place est devenue
Trop vaste pour un autre amour.

Mais que dis-je? ainsi va le monde.
Comment lutterais-je avec l'onde
Dont les flots ne reculent pas?
Ferme tes yeux, tes bras, ton âme;

A JUANA.

Adieu, ma vie, — adieu, madame.
Ainsi va le monde ici-bas.

Le temps emporte sur son aile
Et le printemps et l'hirondelle,
Et la vie et les jours perdus ;
Tout s'en va comme la fumée,
L'espérance et la renommée,
Et moi qui vous ai tant aimée,
Et toi qui ne t'en souviens plus !

1831.

SUZON

> Heureux celui dont le cœur ne demande
> qu'un cœur, et qui ne désire ni parc à l'an-
> glaise, ni *opera seria*, ni musique de Mozart,
> ni tableaux de Raphaël, ni éclipse de lune,
> ni même un clair de lune, ni scènes de ro-
> man, ni leur accomplissement.
> JEAN-PAUL.

Ce que j'écris est bon pour les buveurs de bière
Qui jettent la bouteille après le premier verre :
C'est l'histoire d'un fou mort pour avoir aimé
A casser une pipe après avoir fumé.

Deux muscadins d'abbés qui soupaient chez le pape,
Étant venus un jour à bout de se griser,
Lorsque pour le dessert on eut tiré la nappe,
Dans un coin des jardins se mirent à causer.
L'un d'eux, nommé Cassius, frappant sur sa calotte,
Dit qu'en fait de maîtresse il était mal tombé,
Ayant pour tout potage une belle idiote,
Qui s'appelait, je crois, la marquise de B.
« Voilà huit jours, dit-il, que je ne sais qu'en faire,

Et c'est une bégueule à vous porter en terre.
— La faute en est à toi, répondit le second,
Si tu n'en tires rien. » L'autre dit : « Parbleu non !
Je n'ai pas le talent de réchauffer les marbres. »
Son ami là-dessus se mit à parler bas,
Très vite et très longtemps ; et tous deux sous les arbres
Disparaissant bientôt, ils doublèrent le pas.
Cassius reconduisit l'autre jusqu'à la porte,
Et demeura chez lui jusques au lendemain.
Il en sortit tremblant, une fiole à la main :
Et le jour qui suivit, sa maîtresse était morte.

Il se passa deux ans, durant lesquels Cassius
Et son ami l'abbé ne se parlèrent plus.
Cassius se montrait peu, boudait, ne riait guère,
Buvait moins, maigrissait. L'autre, tout au contraire,
Bien poudré, l'œil au vent, les poches pleines d'or,
L'air impudent, taillé comme un tambour-major,

Possédant, en un mot, tout ce qui plaît aux femmes,
Loin de changer en rien, toujours près de ces dames,
Toujours rose, toujours charmant, continua
D'épanouir à l'air sa désinvoltura.

Tous les deux cependant menaient un train semblable,
Et chez Sa Sainteté se rencontraient à table,
A l'église, au boston : ils se disaient deux mots,
Se touchaient dans la main, et se tournaient le dos.

Cela dura deux ans. Je viens de vous le dire,
Cassius dépérissait, tombait de mal en pire,
Arrivait à souper les cheveux dépoudrés,
Avec un pied de rouge et des bas mal tirés.
Un beau soir de printemps, certaine demoiselle
Arrivant de Paris vint chez Sa Sainteté.
Cassius s'alla planter tout à coup derrière elle,
Et resta là. Ceci ne fut point remarqué.
Le fait est qu'elle avait des yeux à l'espagnole*,
L'air profondément triste et le pied très petit.
Du reste, elle était bête. — Enfin, lorsqu'on partit,
Cassius, tout en suivant la belle créature,
Vit son ami l'abbé qui cherchait sa voiture ;
Il lui saisit le bras si fort, que le tabac
Qu'il offrait à quelqu'un sur le pied lui tomba.

« Fortunio, dit-il, écoute. » Ils s'arrêtèrent
Sur un banc des jardins : les autres s'en allèrent.
Les vents du sud sifflaient sur leurs têtes, les cieux
Étaient sombres. Cassius prit un ton furieux :
« Un certain jour, dit-il, j'avais cru qu'une femme
Méritait mon mépris; tu t'es moqué de moi,
Et tu m'as répondu : Ne méprise que toi !
Ce que je m'efforçais de trouver dans son âme
D'amour et de bonheur, c'est en la dégradant
Jusqu'au rôle muet et vil de l'instrument,
Que je sus le trouver sur un mot de ta bouche.

* Vers blanc.

J'attendais que du luth la corde retentît :
Ce n'est point une corde, ami, c'est une touche,
M'as-tu dit. Frappe donc. Une femme, une nuit...
Je suivis ton conseil, que l'enfer entendit.
Un philtre rassembla les forces de son être ;
Son pâle et triste amour, que je faisais peut-être
Répandre goutte à goutte, avant que de mourir,
Sur dix ou douze amants qu'il aurait pu nourrir,
Déborda tout à coup comme un fleuve en furie,
Dont la digue est rompue et qu'a gonflé la pluie.
Je frappai la statue : une femme en sortit ;
J'ouvris les bras, et bus sa vie en une nuit.
Ah ! Fortunio, pourquoi n'as-tu commis qu'un crime ?
Mais le peu de poison que ta main me versa
Ne fit qu'un assassin et non une victime...
— Et que veux-tu, dit l'autre, avec ces phrases-là ?
Il faut que je m'en aille, ou que tu te dépêches.
— As-tu, reprit Cassius, encor de ce poison ?
— Moi ! tant que tu voudras, plein une boîte à mèches.
— Écoute : cette femme avait porté le nom
D'un autre ; elle avait eu des amants qu'on ignore,
Je n'ai fait que presser ce qu'il restait encore
De sève au cœur du fruit. J'en veux un aujourd'hui
Fermé pour tous ; pour moi (moi seul !) épanoui,
Après moi refermé. Je veux toute une vie,
Et j'ajoute la mienne au marché.

— Ton envie,

Répondit Fortunio, me sourit. Seulement
Tu l'aurais pu d'abord dire plus simplement.
Quelle est ta jeune fille? Il te la faut jolie ;
Sinon ton tour est sot et ne vaut que moitié.
Ensuite il faut qu'elle ait pour toi quelque amitié.
Au reste, je conviens, mon cher, que ton idée,
Qui pourrait étonner un homme compassé,
Par la tête le soir m'a quelquefois passé.
Au goût du jour, d'ailleurs, elle est accommodée.
Lorsqu'un homme s'ennuie et qu'il sent qu'il est las
De traîner le boulet au bagne d'ici-bas,
Dès qu'il se fait sauter, qu'importe la manière?
J'aimerais tout autant ce que tu me dis là
Que de prendre un beau soir ma prise de tabac
Dans un baril d'opium ou dans ma poudrière.

— Eh bien! cria Cassius, marchons de ce côté. »
Tous les deux à pas lents regagnèrent la rue.

« Mais, dit Fortunio, le nom de ta beauté?
— Avançons, dit Cassius. Vois-tu cette statue?
— Oui.

— Vois-tu ce portique entr'ouvert? Sa maison
Est derrière.

— Et son nom?
— On l'appelle Suzon. »
Les abbés là-dessus traversèrent la ville ;

Cassius chez son ami tomba pâle et défait,
Tandis qu'à son tiroir l'autre, d'un air tranquille,
Ayant tiré sa drogue, en sifflant l'apprêtait.
« Ah çà! dit Fortunio, tu connais donc ta belle
De ton voyage en France, ou comment t'aime-t-elle?
C'est la seconde fois ce soir que je la vois.
— Moi, répondit Cassius, c'est la première fois.
— Comment? Que veux-tu faire alors de cette poudre?
— J'ai gagné deux laquais : nous avons arrêté
Que Suzanne demain la prendrait dans son thé.
Et quand je devrais être écrasé de la foudre,
Nous verrons qui rira, quand son palais désert
Se trouvera le soir par mégarde entr'ouvert.

— Que dis-tu? reprit l'autre : abuser d'une femme
Dont tu n'es point aimé! Voler le corps sans l'âme!
C'est affreux, c'est indigne, et c'est moins amusant.
Eh quoi! parce qu'un jour un philtre complaisant
L'aura jetée à bas et la laissera nue
Livrée au premier chien qui passe dans la rue,
Tu seras, toi, Cassius, content d'être ce chien?
Et tu détrôneras des sphères de lumière
La vertu d'une enfant qui, du ciel à la terre,
N'a que sa foi pour elle et ses bras pour soutien,
Pour te rouler sur elle une nuit dans ta fange,
Et te désaltérer sur les lèvres d'un ange
D'une soif de ruisseau! Pitoyable insensé!
Est-ce donc pour cela que sa mère a passé

Tant de jours inquiets, tant de nuits d'insomnie?
Qu'elle-même ce soir sur son lit a prié,
Qu'elle a fermé sa porte, et pour l'autre moitié
Gardé jusqu'à seize ans la moitié de sa vie;
Qu'elle a de son amour enfermé le trésor
Comme une fleur pudique en son calice d'or?
Quand je t'ai conseillé de tuer une femme,
Elle t'aimait du moins : c'est là qu'est le bonheur,
C'est là tout. O Cassius! n'étouffe pas ta flamme
Sous la cendre ; crois-moi, cherche comme un plongeur
Cette perle qui dort dans la mer de son cœur.
— Et quand donc, dit Cassius, et de quelle manière
Me ferai-je aimer d'elle? En baisant son talon?
En enrayant ma roue à l'éternelle ornière?
En me faisant son ombre? Ah! mordieu! c'est trop long.
Lui plairai-je, d'ailleurs? La chance en est douteuse :
Elle aimera plus vite une fois dans mes bras.
Que la mort entre nous serve d'entremetteuse.

— Je vois, dit Fortunio, que tu ne connais pas
Le plus grand des moyens.

     — Lequel?

        — Le magnétisme.

— Bah! dit Cassius, tu ris. Avec ton athéisme,
Comment y croirais-tu? Pour moi, je ne crois rien,
Sinon ce que je vois.

     — Ah! dit l'autre, très bien :
Tu crois ce que tu vois! O raisonneur habile!

Et l'aveugle, à ton gré, que croira-t-il alors?
Parce que l'on t'a fait à ta prison d'argile
Une fenêtre ou deux pour y voir au dehors;
Parce que la moitié d'un rayon de lumière
Échappé du soleil dans ton œil peut glisser,
Quand il n'est pas bouché par un grain de poussière,
Tu crois qu'avec ses lois le monde y va passer!
O mon ami! le monde incessamment remue
Autour de nous, en nous, et nous n'en voyons rien.
C'est un spectre voilé qui nous crée et nous tue;
C'est un bourreau masqué que notre ange gardien.
Sais-tu, lorsque ta main touche une jeune fille,
Ce qui se passe en elle, en toi? Qu'en as-tu vu?
Qui te fait tressaillir lorsque son œil pétille?
S'il ne se passe rien, pourquoi tressailles-tu?
Quand l'aigle, au bord des mers, aperçoit l'hirondelle
Et lui dit en passant, d'un regard de ses yeux,
De le suivre, as-tu vu ce qui se passe entre eux?
S'il ne se passe rien, pourquoi donc le suit-elle?
Eh quoi! toi confesseur, toi prêtre, toi Romain,
Tu crois qu'on dit un mot, qu'on fait un geste en vain!
Un geste, malheureux! tu ne sais pas peut-être
Que la religion n'est qu'un geste, et le prêtre
Qui, l'hostie à la main, lève les bras sur nous,
Un saint magnétiseur qu'on écoute à genoux!
Tu crois ce que tu vois! toi qui, dans la nuit sombre,
Portes l'étole blanche et vas t'asseoir dans l'ombre
Des confessionnaux, pour tenir dans ta main

La tête d'une enfant qui t'appelle son père,
Qui te dit des secrets qu'elle cache à sa mère,
Et de ce qui se fait à l'ombre du saint lieu
Ne peut en appeler à rien, pas même à Dieu !
Quand Christus renversa les idoles de Rome,
Il avait vu quel pas restait à faire encor,
Et qu'à qui veut donner l'homme pour maître à l'homme,
Un caveau verrouillé vaut mieux qu'un trépied d'or.
C'est ce pouvoir, ami, c'est ce nœud redoutable
De l'aigle à l'hirondelle et du prêtre à l'enfant,
Qui fait que l'homme fort doit briser son semblable
Contre sa volonté de fer qui le défend.

Essaye, et tu verras. Quand la nuit solitaire
Sur son cilice d'or s'assoira sur la terre,
Laisse évoquer le diable au bouvier du chemin,
Qui veut faire avorter la vache du voisin ;
Évoque ton courage et le sang de tes veines,
Ton amour et le dieu des volontés humaines !
Pénètre dans la chambre où Suzon dormira ;
Ne la réveille pas ; parle-lui, charme-la ;
Donne-lui, si tu veux, de l'opium la veille.
Ta main à ses seins nus, ta bouche à son oreille ;
Autour de tes deux bras roule ses longs cheveux,
Glisse-toi sur son cœur, et dis-lui que tu veux
(Entends-tu ? que tu veux !) sur sa tête et sous peine
De mort, qu'elle te sente et qu'elle s'en souvienne ;
Blesse-la quelque part, mêle à son sang ton sang ;

Que la marque lui reste et fais-toi la pareille,
N'importe à quelle place, à la joue, à l'oreille,
Pourvu qu'elle frémisse en la reconnaissant.
Le lendemain sois dur, le plus profond silence,
L'œil ferme, laisse-la raisonner sans effroi,
Et dès la nuit venue arrive et recommence.
Huit jours de cette épreuve, et la proie est à toi.

— Je le veux, dit Cassius, et la pensée est bonne.
Cette nuit je commence, et l'attache à la croix
Huit jours à tout hasard, et que Dieu lui pardonne ! »

Fortunio se trompait, il n'en fallut que trois.
Le quatrième jour Suzon vint à confesse ;
Et derrière un pilier, caché dans l'ombre épaisse,
Cassius de son amour surprit l'aveu fatal.
Il dit à Fortunio : « Ton conseil infernal
Donne déjà son fruit : sa porte d'elle-même
S'ouvrira maintenant, car je sais qu'elle m'aime.

— Frappe donc ! reprit l'autre.

        — A ce soir.

            — A ce soir. »
Au coucher du soleil Cassius revint le voir.
« Viens souper, lui dit-il ; il me reste une somme
De quarante louis dans ma poche. Un autre homme,
Ou plus sage ou plus fou que moi, la donnerait
A quelque mendiant ; allons au cabaret. »

SUZON.

C'était par une nuit magnifique et sereine,
Où les vents embaumés frémissaient dans la plaine ;
Et les grillons du soir, sous le pied du passant,
Chantaient dans la rosée aux feux du ver luisant ;
La lune, à son lever, sur la cime des arbres
Balançait mollement les ombres des saints marbres,
Et plongeait dans le fleuve aux flots étincelants
Des lourds dieux de granit les colosses tremblants.
Dans le coin enfumé d'une auberge malsaine
Les abbés sur la table avaient croisé les bras.
« Eh bien ! cria Cassius, ne chanterons-nous pas ? »
Et, vidant d'un seul trait une bouteille pleine :
« Allons, abbé, dit-il, un toast à ma Suzon ! »
Il se leva, lança son assiette au plafond,
Et se mit à chanter d'une voix triste et pure :

   Si Lilla voulait me promettre
   De m'ouvrir quand la nuit viendra,
   Je l'épouserais bien sans prêtre,
   Quitte à sauter par la fenêtre
   Quand sa mère s'éveillera.

   Sommes-nous donc de vieilles femmes
   Qui toujours tremblent pour leurs os,
   Et, de peur du diable et des flammes,
   Attendent que leurs vieilles âmes
   Sortent par dégoût de leurs peaux ?

   Moi, sur la planche de ma bière,
   Je souperais avec Lilla.
   Par la fressure du saint-père !
   Un homme peut casser son verre,
   Quand il a bu de ce vin-là.

Le ciel a-t-il fait faire un pacte à la nature
Avec l'homme, ou rit-il comme un malin esprit
Quand il voit un tombeau qui s'entr'ouvre et sourit;
Jamais vent de minuit, dans l'éternel silence,
N'emporta si gaîment du pied d'un balcon d'or
Les soupirs de l'amour à la beauté qui dort,
Que lorsque les abbés, fredonnant leur romance,
Sur la bruyère sèche en se tenant le bras,
Vers leur œuvre sans nom marchèrent à grands pas.

Le lendemain dans Rome il courut la nouvelle
Qu'une main inconnue avait tué Suzon,
Et qu'on avait trouvé sur le pied d'une échelle
Fortunio qui dormait au seuil de la maison.

Depuis ce jour un fou qui blasphème et mendie
Vient s'asseoir quelquefois, à l'heure du sommeil,
Sur les lazzaronis étendus au soleil :
Il leur parle tout bas, les frotte et parodie
Les gestes d'un derviche et d'un magnétiseur;
Puis, quand il les éveille, il les frappe en fureur.
C'est Cassius qui survit à Suzon : sa victime
Lui mourut dans les bras trop tôt pour l'assouvir;
Et lui, resté tout seul à la moitié du crime,
Sur le pavé de Rome achève de mourir.

1831.

A MADAME N. MÉNESSIER

QUI AVAIT MIS EN MUSIQUE DES PAROLES DE L'AUTEUR.

Madame, il est heureux, celui dont la pensée
(Qu'elle fût de plaisir, de douleur ou d'amour)
A pu servir de sœur à la vôtre un seul jour.
Son âme dans votre âme un instant est passée ;

Le rêve de son cœur un soir s'est arrêté,
Ainsi qu'un pèlerin, sur le seuil enchanté
Du merveilleux palais tout peuplé de féeries
Où dans leurs voiles blancs dorment vos rêveries.

Qu'importe que bientôt, pour un autre oublié,
De vos lèvres de pourpre il se soit envolé
Comme l'oiseau léger s'envole après l'orage ?
Lorsqu'il a repassé le seuil mystérieux,
Vos lèvres l'ont doré, dans leur divin langage,
    D'un sourire mélodieux.

Novembre 1831.

A JULIE

On me demande, par les rues,
Pourquoi je vais bayant aux grues,
Fumant mon cigare au soleil,
A quoi se passe ma jeunesse,
Et depuis trois ans de paresse
Ce qu'ont fait mes nuits sans sommeil.

Donne-moi tes lèvres, Julie ;
Les folles nuits qui t'ont pâlie
Ont séché leur corail luisant.
Parfume-les de ton haleine ;
Donne-les-moi, mon Africaine,
Tes belles lèvres de pur sang.

Mon imprimeur crie à tue-tête
Que sa machine est toujours prête,
Et que la mienne n'en peut mais.
D'honnêtes gens, qu'un club admire,

N'ont pas dédaigné de prédire
Que je n'en reviendrai jamais.

Julie, as-tu du vin d'Espagne ?
Hier nous battions la campagne ;
Va donc voir s'il en reste encor.
Ta bouche est brûlante, Julie ;
Inventons donc quelque folie
Qui nous perde l'âme et le corps.

On dit que ma gourme me rentre,
Que je n'ai plus rien dans le ventre,
Que je suis vide à faire peur ;
Je crois, si j'en valais la peine,
Qu'on m'enverrait à Sainte-Hélène,
Avec un cancer dans le cœur.

Allons, Julie, il faut t'attendre
A me voir quelque jour en cendre,
Comme Hercule sur son rocher.
Puisque c'est par toi que j'expire,
Ouvre ta robe, Déjanire,
Que je monte sur mon bûcher.

Mars 1832.

A LAURE

Si tu ne m'aimais pas, dis-moi, fille insensée,
Que balbutiais-tu dans ces fatales nuits?
Exerçais-tu ta langue à railler ta pensée?
Que voulaient donc ces pleurs, cette gorge oppressée,
   Ces sanglots et ces cris?

Ah! si le plaisir seul t'arrachait ces tendresses,
Si ce n'était que lui qu'en ce triste moment
Sur mes lèvres en feu tu couvrais de caresses
   Comme un unique amant;

Si l'esprit et les sens, les baisers et les larmes,
Se tiennent par la main de ta bouche à ton cœur,
Et s'il te faut ainsi, pour y trouver des charmes,
Sur l'autel du plaisir profaner le bonheur :

A LAURE.

Ah! Laurette, ah! Laurette, idole de ma vie,
Si le sombre démon de tes nuits d'insomnie
Sans ce masque de feu ne saurait faire un pas,
Pourquoi l'évoquais-tu, si tu ne m'aimais pas?

1832.

A MON AMI ÉDOUARD BOCHER

Tu te frappais le front en lisant Lamartine,
Édouard, tu pâlissais comme un joueur maudit;
Le frisson te prenait, et la foudre divine,
   Tombant dans ta poitrine,
T'épouvantait toi-même en traversant ta nuit.

Ah! frappe-toi le cœur, c'est là qu'est le génie.
C'est là qu'est la pitié, la souffrance et l'amour;
C'est là qu'est le rocher du désert de la vie,
   D'où les flots d'harmonie,
Quand Moïse viendra, jailliront quelque jour.

Peut-être à ton insu déjà bouillonnent-elles,
Ces laves du volcan, dans les pleurs de tes yeux.
Tu partiras bientôt avec les hirondelles,
   Toi qui te sens des ailes
Lorsque tu vois passer un oiseau dans les cieux.

A MON AMI ÉDOUARD BOCHER.

Ah! tu sauras alors ce que vaut la paresse;
Sur les rameaux voisins tu voudras revenir.
Edouard, Édouard, ton front est encor sans tristesse,
    Ton cœur plein de jeunesse...
Ah! ne les frappe pas, ils n'auraient qu'à s'ouvrir!

                      1832.

A MON AMI ALF. TATTET

Dans mes jours de malheur, Alfred, seul entre mille,
Tu m'es resté fidèle où tant d'autres m'ont fui.
Le bonheur m'a prêté plus d'un lien fragile;
Mais c'est l'adversité qui m'a fait un ami.

C'est ainsi que les fleurs sur les coteaux fertiles
Étalent au soleil leur vulgaire trésor;
Mais c'est au sein des nuits, sous des rochers stériles,
Que fouille le mineur qui cherche un rayon d'or.

C'est ainsi que les mers calmes et sans orages
Peuvent d'un flot d'azur bercer le voyageur;
Mais c'est le vent du nord, c'est le vent des naufrages
Qui jette sur la rive une perle au pêcheur.

Maintenant Dieu me garde! Où vais-je? Eh! que m'importe!
Quels que soient mes destins, je dis comme Byron :

« L'Océan peut gronder, il faudra qu'il me porte. »
Si mon coursier s'abat, j'y mettrai l'éperon.

Mais du moins j'aurai pu, frère, quoi qu'il m'arrive,
De mon cachet de deuil sceller notre amitié,
Et, que demain je meure ou que demain je vive,
Pendant que mon cœur bat, t'en donner la moitié.

Mai 1832.

AU LECTEUR

DES DEUX PIÈCES QUI SUIVENT

Figure-toi, lecteur, que ton mauvais génie
T'a fait prendre ce soir un billet d'opéra.
Te voilà devenu parterre ou galerie,
Et tu ne sais pas trop ce qu'on te chantera.

Il se peut qu'on t'amuse, il se peut qu'on t'ennuie ;
Il se peut que l'on pleure, à moins que l'on ne rie ;
Et le terme moyen, c'est que l'on bâillera.
Qu'importe? c'est la mode, et le temps passera.

Mon livre, ami lecteur, t'offre une chance égale.
Il te coûte à peu près ce que coûte une stalle ;
Ouvre-le sans colère et lis-le d'un bon œil.

Qu'il te déplaise ou non, ferme-le sans rancune ;
Un spectacle ennuyeux est chose assez commune,
Et tu verras le mien sans quitter ton fauteuil.

Dessin de Bida — Gravé par Desvachez

LA COUPE ET LES LÈVRES

FRANK se démasquant

La bière est vide, alors c'est que Frank est vivant.

Acte II, Scène 1re

CHARPENTIER ÉDITEUR

Imp. Ch. Chardon ainé — Paris

LA COUPE ET LES LÈVRES

POÈME DRAMATIQUE

> Entre la coupe et les lèvres, il reste encore
> de la place pour un malheur.
> ANCIEN PROVERBE.

PERSONNAGES

LE CHASSEUR FRANK.
LE PALATIN STRANIO.
LE CHEVALIER GUNTHER.
UN LIEUTENANT DE FRANK.
UN SOLDAT.
MONNA BELCOLORE.
DÉIDAMIA.
MONTAGNARDS, CHEVALIERS, SOLDATS,
MOINES, PEUPLE.

DÉDICACE

A M. ALFRED TATTET.

Voici, mon cher ami, ce que je vous dédie :
Quelque chose approchant comme une tragédie,
Un spectacle ; en un mot, quatre mains de papier.
J'attendrai là-dessus que le diable m'éveille.

Il est sain de dormir, — ignoble de bâiller.
J'ai fait trois mille vers : allons, c'est à merveille.
Baste ! il faut s'en tenir à sa vocation.
Mais quelle singulière et triste impression
Produit un manuscrit ! — Tout à l'heure, à ma table,
Tout ce que j'écrivais me semblait admirable.
Maintenant, je ne sais, — je n'ose y regarder.
Au moment du travail, chaque nerf, chaque fibre
Tressaille comme un luth que l'on vient d'accorder.
On n'écrit pas un mot que tout l'être ne vibre.
(Soit dit sans vanité, c'est ce que l'on ressent.)
On ne travaille pas, — on écoute, — on attend.
C'est comme un inconnu qui vous parle à voix basse.
On reste quelquefois une nuit sur la place,
Sans faire un mouvement et sans se retourner.
On est comme un enfant dans ses habits de fête,
Qui craint de se salir et de se profaner ;
Et puis, — et puis, — enfin ! — on a mal à la tête.
Quel étrange réveil ! — comme on se sent boiteux !
Comme on voit que Vulcain vient de tomber des cieux !
C'est l'effet que produit une prostituée,
Quand, le corps assouvi, l'âme s'est réveillée,
Et que, comme un vivant qu'on vient d'ensevelir,
L'esprit lève en pleurant le linceul du plaisir.
Pourtant c'est l'opposé ; — c'est le corps, c'est l'argile,
C'est le cercueil humain, un moment entr'ouvert,
Qui, laissant retomber son couvercle débile,
Ne se souvient de rien, sinon qu'il a souffert.

Si tout finissait là! voilà le mot terrible.
C'est Jésus, couronné d'une flamme invisible,
Venant du Pharisien partager le repas.
Le Pharisien parfois voit luire une auréole
Sur son hôte divin; — puis, quand elle s'envole,
Il dit au Fils de Dieu : Si tu ne l'étais pas?
Je suis le Pharisien, et je dis à mon hôte :
Si ton démon céleste était un imposteur?
Il ne s'agit pas là de reprendre une faute,
De retourner un vers comme un commentateur,
Ni de se remâcher comme un bœuf qui rumine.
Il est assez de mains, chercheuses de vermine,
Qui savent éplucher un écrit malheureux,
Comme un pâtre espagnol épluche un chien lépreux.
Mais croire que l'on tient les pommes d'Hespérides
Et presser tendrement un navet sur son cœur!
Voilà, mon cher ami, ce qui porte un auteur
A des auto-da-fés, — à des infanticides.
Les rimeurs, vous voyez, sont comme les amants.
Tant qu'on n'a rien écrit, il en est d'une idée
Comme d'une beauté qu'on n'a pas possédée :
On l'adore, on la suit; — ses détours sont charmants.
Pendant que l'on tisonne en regardant la cendre,
On la voit voltiger ainsi qu'un salamandre;
Chaque mot fait pour elle est comme un billet doux;
On lui donne à souper; — qui le sait mieux que vous?
(Vous pourriez au besoin traiter une princesse.)
Mais dès qu'elle se rend, bonsoir, le charme cesse.

On sent dans sa prison l'hirondelle mourir.
Si tout cela, du moins, vous laissait quelque chose!
On garde le parfum en effeuillant la rose;
Il n'est si triste amour qui n'ait son souvenir.

Lorsque la jeune fille, à la source voisine,
A sous les nénuphars lavé ses bras poudreux,
Elle reste au soleil, les mains sur sa poitrine,
A regarder longtemps pleurer ses beaux cheveux.
Elle sort, mais pareille aux rochers de Borghèse,
Couverte de rubis comme un poignard persan. —
Et sur son front luisant sa mère qui la baise
Sent du fond de son cœur la fraîcheur de son sang.
Mais le poète, hélas! s'il puise à la fontaine,
C'est comme un braconnier poursuivi dans la plaine,
Pour boire dans sa main, et courir se cacher. —
Et cette main brûlante est prompte à se sécher*.

Je ne fais pas grand cas, pour moi, de la critique.
Toute mouche qu'elle est, c'est rare qu'elle pique.
On m'a dit l'an passé que j'imitais Byron:
Vous qui me connaissez, vous savez bien que non.
Je hais comme la mort l'état de plagiaire;
Mon verre n'est pas grand, mais je bois dans mon verre.
C'est bien peu, je le sais, que d'être homme de bien,
Mais toujours est-il vrai que je n'exhume rien.

* C'est un pâle soleil qui vient la lui sécher.
(*Édition de 1833 et manuscrit autographe.*)

Je ne me suis pas fait écrivain politique,
N'étant pas amoureux de la place publique.
D'ailleurs, il n'entre pas dans mes prétentions
D'être l'homme du siècle et de ses passions.
C'est un triste métier que de suivre la foule,
Et de vouloir crier plus fort que les meneurs,
Pendant qu'on se raccroche au manteau des traîneurs.
On est toujours à sec, quand le fleuve s'écoule.
Que de gens aujourd'hui chantent la liberté,
Comme ils chantaient les rois, ou l'homme de brumaire !
Que de gens vont se pendre au levier populaire,
Pour relever le dieu qu'ils avaient souffleté !
On peut traiter cela du beau nom de rouerie,
Dire que c'est le monde et qu'il faut qu'on en rie.
C'est peut-être un métier charmant, mais tel qu'il est,
Si vous le trouvez beau, moi, je le trouve laid.
Je n'ai jamais chanté ni la paix ni la guerre ;
Si mon siècle se trompe, il ne m'importe guère :
Tant mieux s'il a raison, et tant pis s'il a tort ;
Pourvu qu'on dorme encore au milieu du tapage,
C'est tout ce qu'il me faut, et je ne crains pas l'âge
Où les opinions deviennent un remord.

Vous me demanderez si j'aime ma patrie.
Oui ; — j'aime fort aussi l'Espagne et la Turquie.
Je ne hais pas la Perse et je crois les Indous
De très honnêtes gens qui boivent comme nous.
Mais je hais les cités, les pavés et les bornes,

Tout ce qui porte l'homme à se mettre en troupeau,
Pour vivre entre deux murs et quatre faces mornes,
Le front sous un moellon, les pieds sur un tombeau.

Vous me demanderez si je suis catholique.
Oui ; — j'aime fort aussi les dieux Lath et Nésu.
Tartak et Pimpocau me semblent sans réplique ;
Que dites-vous encor de Parabavastu ?
J'aime Bidi, — Khoda me paraît un bon sire ;
Et quant à Kichatan, je n'ai rien à lui dire.
C'est un bon petit dieu que le dieu Michapous.
Mais je hais les cagots, les robins et les cuistres,
Qu'ils servent Pimpocau, Mahomet, ou Vishnou.
Vous pouvez de ma part répondre à leurs ministres
Que je ne sais comment je vais je ne sais où.

Vous me demanderez si j'aime la sagesse.
Oui ; — j'aime fort aussi le tabac à fumer.
J'estime le bordeaux, surtout dans sa vieillesse ;
J'aime tous les vins francs, parce qu'ils font aimer.
Mais je hais les cafards, et la race hypocrite
Des tartufes de mœurs, comédiens insolents,
Qui mettent leurs vertus en mettant leurs gants blancs.
Le diable était bien vieux lorsqu'il se fit ermite.
Je le serai si bien, quand ce jour-là viendra,
Que ce sera le jour où l'on m'enterrera.

Vous me demanderez si j'aime la nature.

Oui ; — j'aime fort aussi les arts et la peinture.
Le corps de la Vénus me paraît merveilleux.
La plus superbe femme est-elle préférable ?
Elle parle, il est vrai, mais l'autre est admirable,
Et je suis quelquefois pour les silencieux.
Mais je hais les pleurards, les rêveurs à nacelles,
Les amants de la nuit, des lacs, des cascatelles,
Cette engeance sans nom, qui ne peut faire un pas
Sans s'inonder de vers, de pleurs et d'agendas.
La nature, sans doute, est comme on veut la prendre.
Il se peut, après tout, qu'ils sachent la comprendre,
Mais eux, certainement, je ne les comprends pas.

Vous me demanderez si j'aime la richesse.
Oui ; — j'aime aussi parfois la médiocrité,
Et surtout, et toujours, j'aime mieux ma maîtresse ;
La fortune, pour moi, n'est que la liberté.
Elle a cela de beau, de remuer le monde,
Que, dès qu'on la possède, il faut qu'on en réponde,
Et que, seule, elle met à l'air la volonté.
Mais je hais les pieds plats, je hais la convoitise.
J'aime mieux un joueur, qui prend le grand chemin ;
Je hais le vent doré qui gonfle la sottise,
Et, dans quelque cent ans, j'ai bien peur qu'on ne dise
Que notre siècle d'or fut un siècle d'airain.

Vous me demanderez si j'aime quelque chose.
Je m'en vais vous répondre à peu près comme Hamlet :

Doutez, Ophélia, de tout ce qui vous plaît,
De la clarté des cieux, du parfum de la rose;
Doutez de la vertu, de la nuit et du jour;
Doutez de tout au monde, et jamais de l'amour.
Tournez-vous là, mon cher, comme l'héliotrope
Qui meurt les yeux fixés sur son astre chéri,
Et préférez à tout, comme le Misanthrope,
La chanson de ma mie, et du Bon roi Henri.
Doutez, si vous voulez, de l'être qui vous aime,
D'une femme ou d'un chien, mais non de l'amour même.
L'amour est tout, — l'amour, et la vie au soleil.
Aimer est le grand point, qu'importe la maîtresse?
Qu'importe le flacon, pourvu qu'on ait l'ivresse?
Faites-vous de ce monde un songe sans réveil.
S'il est vrai que Schiller n'ait aimé qu'Amélie,
Gœthe que Marguerite, et Rousseau que Julie,
Que la terre leur soit légère ! — ils ont aimé.

Vous trouverez, mon cher, mes rimes bien mauvaises;
Quant à ces choses-là, je suis un réformé.
Je n'ai plus de système, et j'aime mieux mes aises;
Mais j'ai toujours trouvé honteux de cheviller.
Je vois chez quelques-uns, en ce genre d'escrime,
Des rapports trop exacts avec un menuisier.
Gloire aux auteurs nouveaux qui veulent à la rime
Une lettre de plus qu'il n'en fallait jadis !
Bravo ! c'est un bon clou de plus à la pensée.
La vieille liberté par Voltaire laissée

Était bonne autrefois pour les petits esprits.

Un long cri de douleur traversa l'Italie,
Lorsqu'au pied des autels Michel-Ange expira.
Le siècle se fermait, — et la mélancolie,
Comme un pressentiment, des vieillards s'empara.
L'art, qui sous ce grand homme avait quitté la terre
Pour se suspendre au ciel, comme le nourrisson
Se suspend et s'attache aux lèvres de sa mère*,
L'art avec lui tomba. — Ce fut le dernier nom
Dont le peuple toscan ait gardé la mémoire.
Aujourd'hui l'art n'est plus, — personne n'y veut croire.
Notre littérature a cent mille raisons
Pour parler de noyés, de morts et de guenilles.
Elle-même est un mort que nous galvanisons.
Elle entend son affaire en nous peignant des filles,
En tirant des égouts les muses de Régnier.
Elle-même en est une, et la plus délabrée
Qui de fard et d'onguents se soit jamais plâtrée.
Nous l'avons tous usée, — et moi tout le premier.
Est-ce à moi, maintenant, au point où nous en sommes,
De vous parler de l'art et de le regretter ?
Un mot pourtant encore avant de vous quitter.
Un artiste est un homme, — il écrit pour des hommes.
Pour prêtresse du temple, il a la liberté ;
Pour trépied, l'univers ; pour éléments, la vie ;

---

* Voyez Jean-Paul. (*Note de l'auteur dans l'édition in-8° de 1833.*)

Pour encens, la douleur, l'amour et l'harmonie ;
Pour victime, son cœur ; — pour dieu, la vérité.
L'artiste est un soldat, qui des rangs d'une armée
Sort, et marche en avant, — ou chef, — ou déserteur.
Par deux chemins divers il peut sortir vainqueur.
L'un, comme Calderon et comme Mérimée,
Incruste un plomb brûlant sur la réalité,
Découpe à son flambeau la silhouette humaine,
En emporte le moule, et jette sur la scène
Le plâtre de la vie avec sa nudité.
Pas un coup de ciseau sur la sombre effigie,
Rien qu'un masque d'airain, tel que Dieu l'a fondu.
Cherchez-vous la morale et la philosophie ?
Rêvez, si vous voulez, — voilà ce qu'il a vu.
L'autre, comme Racine et le divin Shakspeare,
Monte sur le théâtre, une lampe à la main,
Et de sa plume d'or ouvre le cœur humain.
C'est pour vous qu'il y fouille, afin de vous redire
Ce qu'il aura senti, ce qu'il aura trouvé,
Surtout, en le trouvant, ce qu'il aura rêvé.
L'action n'est pour lui qu'un moule à sa pensée.
Hamlet tuera Clodius, — Joad tuera Mathan ;
Qu'importe le combat, si l'éclair de l'épée
Peut nous servir dans l'ombre à voir les combattants ?
Le premier sous les yeux vous étale un squelette.
Songez, si vous voulez, de quels muscles d'athlète,
De quelle chair superbe, et de quels vêtements
Pourraient être couverts de si beaux ossements.

LA COUPE ET LES LÈVRES.

Le second vous déploie une robe éclatante,
Des muscles invaincus, une chair palpitante,
Et vous laisse à penser quels sublimes ressorts
Impriment l'existence à de pareils dehors.
Celui-là voit l'effet, — et celui-ci la cause.
Sur cette double loi le monde entier repose.
Dieu seul (qui se connaît) peut tout voir à la fois.

Quant à moi, Petit-Jean, quand je vois, — quand je vois,
Je vous préviens, mon cher, que ce n'est pas grand'chose ;
Car, pour y voir longtemps, j'aime trop à voir clair :
Man delights not me, sir, nor woman neither.
Mais s'il m'était permis de choisir une route,
Je prendrais la dernière, — et m'y noierais sans doute.
Je suis passablement en humeur de rêver,
Et je m'arrête ici, pour ne pas le prouver.
Je ne sais trop à quoi tend tout ce bavardage.
Je voulais mettre un mot sur la première page :
A mon très honoré, très honorable ami,
Monsieur — et cætera, — comme on met aujourd'hui,
Quand on veut proprement faire une dédicace.
Je l'ai faite un peu longue, et je m'en aperçois.
On va s'imaginer que c'est une préface.
Moi qui n'en lis jamais ! — ni vous non plus, je crois.

INVOCATION

Aimer, boire et chasser, voilà la vie humaine
Chez les fils du Tyrol, — peuple héroïque et fier !
Montagnard comme l'aigle, et libre comme l'air !
Beau ciel, où le soleil a dédaigné la plaine,
Ce paisible océan dont les monts sont les flots !
Beau ciel tout sympathique, et tout peuplé d'échos.
Là, siffle autour des puits l'écumeur des montagnes,
Qui jette au vent son cœur, sa flèche et sa chanson.
Venise vient au loin dorer son horizon.
La robuste Helvétie abrite ses campagnes.
Ainsi les vents du sud t'apportent la beauté,
Mon Tyrol, et les vents du nord la liberté.

Salut, terre de glace, amante des nuages,
Terre d'hommes errants et de daims en voyages,
Terre sans oliviers, sans vigne et sans moissons.
Ils sucent un sein dur, mère, tes nourrissons ;
Mais ils t'aiment ainsi, — sous la neige bleuâtre

De leurs lacs vaporeux, sous ce pâle soleil
Qui respecte les bras de leurs femmes d'albâtre,
Sous la ronce des champs qui mord leur pied vermeil.
Noble terre, salut ! Terre simple et naïve,
Tu n'aimes pas les arts, toi qui n'es pas oisive.
D'efféminés rêveurs tu n'es pas le séjour ;
On ne fait sous ton ciel que la guerre et l'amour.
On ne se vieillit pas dans tes longues veillées.
Si parfois tes enfants, dans l'écho des vallées,
Mêlent un doux refrain aux soupirs des roseaux,
C'est qu'ils sont nés chanteurs, comme de gais oiseaux.
Tu n'as rien, toi, Tyrol, ni temples, ni richesse,
Ni poètes, ni dieux ; — tu n'as rien, chasseresse !
Mais l'amour de ton cœur s'appelle d'un beau nom :
La liberté ! — Qu'importe au fils de la montagne
Pour quel despote obscur envoyé d'Allemagne
L'homme de la prairie écorche le sillon ?
Ce n'est pas son métier de traîner la charrue ;
Il couche sur la neige, il soupe quand il tue ;
Il vit dans l'air du ciel, qui n'appartient qu'à Dieu.

— L'air du ciel ! l'air de tous ! vierge comme le feu !
Oui, la liberté meurt sur le fumier des villes.
Oui, vous qui la plantez sur vos guerres civiles,
Vous la semez en vain, même sur vos tombeaux ;
Il ne croît pas si bas, cet arbre aux verts rameaux.
Il meurt dans l'air humain, plein de râles immondes.
Il respire celui que respirent les mondes.

Montez, voilà l'échelle, et Dieu qui tend les bras.
Montez à lui, rêveurs, il ne descendra pas !
Prenez-moi la sandale et la pique ferrée :
Elle est là sur les monts, la liberté sacrée.
C'est là qu'à chaque pas l'homme la voit venir,
Ou, s'il l'a dans le cœur, qu'il l'y sent tressaillir.
Tyrol, nul barde encor n'a chanté tes contrées.
Il faut des citronniers à nos muses dorées,
Et tu n'es pas banal, toi dont la pauvreté
Tend une maigre main à l'hospitalité.
— Pauvre hôtesse, ouvre-moi ! — tu vaux bien l'Italie,
Messaline en haillons, sous les baisers pâlie,
Que tout père à son fils paye à sa puberté.
Moi, je te trouve vierge, et c'est une beauté ;
C'est la mienne ; — il me faut, pour que ma soif s'étanche,
Que le flot soit sans tache, et clair comme un miroir.
Ce sont les chiens errants qui vont à l'abreuvoir.
Je t'aime. — Ils ne t'ont pas levé ta robe blanche.
Tu n'as pas, comme Naple, un tas de visiteurs,
Et des ciceroni pour tes entremetteurs.
La neige tombe en paix sur tes épaules nues. —
Je t'aime, sois à moi. Quand la virginité
Disparaîtra du ciel, j'aimerai des statues.
Le marbre me va mieux que l'impure Phryné
Chez qui les affamés vont chercher leur pâture,
Qui fait passer la rue au travers de son lit,
Et qui n'a pas le temps de nouer sa ceinture
Entre l'amant du jour et celui de la nuit.

ACTE PREMIER

SCÈNE PREMIÈRE

Une place publique. — Un grand feu allumé au milieu.

LES CHASSEURS, FRANK.

LE CHŒUR.

Pâle comme l'amour, et de pleurs arrosée,
La nuit aux pieds d'argent descend dans la rosée.
Le brouillard monte au ciel, et le soleil s'enfuit.
Éveillons le plaisir, son aurore est la nuit!
Diane a protégé notre course lointaine.
Chargés d'un lourd butin, nous marchons avec peine;
Amis, reposons-nous; — déjà, le verre en main,
Nos frères sous ce toit commencent leur festin.

FRANK.

Moi, je n'ai rien tué; — la ronce et la bruyère
Ont déchiré mes mains; — mon chien, sur la poussière,
A léché dans mon sang la trace de mes pas.

LE CHŒUR.

Ami, les jours entre eux ne se ressemblent pas.
Approche, et viens grossir notre joyeuse troupe.
L'amitié, camarade, est semblable à la coupe

Qui passe, au coin du feu, de la main à la main.
L'un y boit son bonheur, et l'autre sa misère;
Le ciel a mis l'oubli pour tous au fond du verre;
Je suis heureux ce soir, tu le seras demain.

FRANK.

Mes malheurs sont à moi, je ne prends pas les vôtres.
Je ne sais pas encor vivre aux dépens des autres;
J'attendrai pour cela qu'on m'ait coupé les mains.
Je ne ferai jamais qu'un maigre parasite,
Car ce n'est qu'un long jeûne et qu'une faim maudite
Qui me feront courir à l'odeur des festins.
Je tire mieux que vous, et j'ai meilleure vue.
Pourquoi ne vois-je rien? voilà la question.
Suis-je un épouvantail? — ou bien l'occasion,
Cette prostituée, est-elle devenue
Si boiteuse et si chauve, à force de courir,
Qu'on ne puisse à la nuque une fois la saisir?
J'ai cherché comme vous le chevreuil dans la plaine, —
Mon voisin l'a tué, mais je ne l'ai pas vu.

LE CHŒUR.

Et si c'est ton voisin, pourquoi le maudis-tu?
C'est la communauté qui fait la force humaine.
Frank, n'irrite pas Dieu, — le roseau doit plier.
L'homme sans patience est la lampe sans huile,
Et l'orgueil en colère est mauvais conseiller.

FRANK.

Votre communauté me soulève la bile.

Je n'en suis pas encore à mendier mon pain.
Mordieu! voilà de l'or, messieurs, j'ai de quoi vivre.
S'il plaît à l'ennemi des hommes de me suivre,
Il peut s'attendre encore à faire du chemin.
Il faut être bâtard pour coudre sa misère
Aux misères d'autrui. — Suis-je un esclave ou non?
Le pacte social n'est pas de ma façon :
Je ne l'ai pas signé dans le sein de ma mère.
Si les autres ont peu, pourquoi n'aurais-je rien?
Vous qui parlez de Dieu, vous blasphémez le mien.
Tout nous vient de l'orgueil, même la patience.
L'orgueil, c'est la pudeur des femmes, la constance
Du soldat dans le rang, du martyr sur la croix.
L'orgueil, c'est la vertu, l'honneur et le génie;
C'est ce qui reste encor d'un peu beau dans la vie,
La probité du pauvre et la grandeur des rois.
Je voudrais bien savoir, nous tous tant que nous sommes,
Et moi tout le premier, à quoi nous sommes bons?
Voyez-vous ce ciel pâle, au delà de ces monts?
Là, du soir au matin, fument autour des hommes
Ces vastes alambics qu'on nomme les cités.
Intrigues, passions, périls et voluptés,
Toute la vie est là, — tout en sort, tout y rentre.
Tout se disperse ailleurs, et là tout se concentre.
L'homme y presse ses jours pour en boire le vin,
Comme le vigneron presse et tord son raisin.

LE CHŒUR.

Frank, une ambition terrible te dévore.

Ta pauvreté superbe elle-même s'abhorre :
Tu te hais, vagabond, dans ton orgueil de roi,
Et tu hais ton voisin d'être semblable à toi.
Parle, aimes-tu ton père? aimes-tu ta patrie?
Au souffle du matin sens-tu ton cœur frémir,
Et t'agenouilles-tu lorsque tu vas dormir?
De quel sang es-tu fait, pour marcher dans la vie
Comme un homme de bronze, et pour que l'amitié,
L'amour, la confiance et la douce pitié
Viennent toujours glisser sur ton être insensible,
Comme des gouttes d'eau sur un marbre poli?
Ah! celui-là vit mal qui ne vit que pour lui.
L'âme, rayon du ciel, prisonnière invisible,
Souffre dans son cachot de sanglantes douleurs.
Du fond de son exil elle cherche ses sœurs;
Et les pleurs et les chants sont les voix éternelles
De ces filles de Dieu qui s'appellent entre elles.

FRANK.

Chantez donc, et pleurez, si c'est votre souci.
Ma malédiction n'est pas bien redoutable;
Telle qu'elle est pourtant je vous la donne ici.
Nous allons boire un toast, en nous mettant à table,
Et je vais le porter :

<small>Prenant un verre.</small>   Malheur aux nouveau-nés!
Maudit soit le travail! maudite l'espérance!
Malheur au coin de terre où germe la semence,
Où tombe la sueur de deux bras décharnés!

Maudits soient les liens du sang et de la vie!
Maudite la famille et la société!
Malheur à la maison, malheur à la cité,
Et malédiction sur la mère patrie!

UN AUTRE CHŒUR, sortant d'une maison.

Qui parle ainsi? qui vient jeter sur notre toit,
A cette heure de nuit, ces clameurs monstrueuses,
Et nous sonner ainsi les trompettes hideuses *
Des malédictions? — Frank, réponds, est-ce toi?
Ce n'est pas d'aujourd'hui que je connais ta vie.
Tu n'es qu'un paresseux plein d'orgueil et d'envie.
Mais de quel droit viens-tu troubler des gens de bien?
Tu hais notre métier, Judas? et nous, le tien.
Que ne vas-tu courir et tenter la fortune,
Si le toit de ton père est trop bas pour ton front?
Ton orgueil est scellé comme un cercueil de plomb.
Tu crois punir le ciel en lui gardant rancune;
Et tout ce que tu peux, c'est de roidir tes bras
Pour blasphémer un Dieu qui ne t'aperçoit pas.
Travailles-tu pour vivre et pour t'aider toi-même?
Ne te souviens-tu pas que l'ange du blasphème
Est de tous les déchus le plus audacieux,
Et qu'avant de maudire il est tombé des cieux?

TOUS LES CHASSEURS.

Pourquoi refuses-tu ta place à notre table?

---

* *Macbeth*, acte II : *That such a hideous trumpet calls to parley,* etc. (*Note de l'auteur.*)

FRANK, à l'un d'eux.

Hélas! noble seigneur, soyez-moi charitable!
Un denier, s'il vous plaît, j'ai bien soif et bien faim.
Rien qu'un pauvre denier pour m'acheter du pain.

LE CHŒUR.

Te fais-tu le bouffon de ta propre détresse?

FRANK.

Seigneur, si vous avez une belle maîtresse,
Je puis la célébrer, et chanter tour à tour
La médiocrité, l'innocence et l'amour.
C'est bien le moins qu'un pauvre égaye un peu son hôte.
S'il est pauvre après tout, s'il a faim, c'est sa faute.
Mais croyez-vous qu'il soit prudent et généreux
De jeter des pavés sur l'homme qui se noie?
Il ne faut pas pousser à bout les malheureux.

LE CHŒUR.

A quel sombre démon ton âme est-elle en proie?
Tu railles tristement et misérablement.

FRANK.

Car si ces malheureux ont quelque orgueil dans l'âme,
S'ils ne sont pas pétris d'une argile de femme,
S'ils ont un cœur, s'ils ont des bras, ou seulement
S'ils portent par hasard une arme à la ceinture...

LE CHŒUR.

Que veut dire ceci? Veux-tu nous provoquer?

FRANK.

Un poignard peut se tordre, et le coup peut manquer.
Mais si, las de lui-même et de sa vie obscure,

Le pauvre qu'on insulte allait prendre un tison,
Et le porter en feu dans sa propre maison!

> Il prend une bûche embrasée dans le feu allumé sur la place, et la jette dans sa chaumière.

Sa maison est à lui, — c'est le toit de son père,
C'est son toit, — c'est son bien, le tombeau solitaire
Des rêves de ses jours, des larmes de ses nuits;
Le feu doit y rester, si c'est lui qui l'a mis.

LE CHŒUR.

Agis-tu dans la fièvre? Arrête, incendiaire!
Veux-tu du même coup brûler la ville entière?
Arrête! — où nos enfants dormiront-ils demain?

FRANK.

Me voici sur le seuil, mon épée à la main.
Approchez maintenant, fussiez-vous une armée.
Quand l'univers devrait s'en aller en fumée,
Tonnerre et sang! je fais un spectre du premier
Qui jette un verre d'eau sur un brin de fumier.
Ah! vous croyez, messieurs, si je vous importune,
Qu'on peut impunément me chasser comme un chien?
Ne m'avez-vous pas dit d'aller chercher fortune?
J'y vais. — Vous l'avez dit, vous qui n'en feriez rien;
Moi, je le fais, — je pars. — J'illumine la ville;
J'en aurai le plaisir, en m'en allant ce soir,
De la voir de plus loin, s'il me plaît de la voir.
Je ne fais pas ici de folie inutile :
Ceux qui m'ont accusé de paresse et d'orgueil
Ont dit la vérité. — Tant que cette chaumière

Demeurera debout, ce sera mon cercueil.
Ce petit toit, messieurs, ces quatre murs de pierre,
C'était mon patrimoine, et c'est assez longtemps
Pour aimer son fumier, que d'y dormir vingt ans.
Je le brûle, et je pars; — c'est moi, c'est mon fantôme
Que je disperse aux vents avec ce toit de chaume.
Maintenant, vents du nord, vous n'avez qu'à souffler;
Depuis assez longtemps, dans les nuits de tempête,
Vous venez ébranler ma porte et m'appeler.
Frères, je viens à vous, — je vous livre ma tête.
Je pars, — et désormais que Dieu montre à mes pas
Leur route, — ou le hasard, si Dieu n'existe pas!

Il sort en courant.

SCÈNE II

Une plaine.

FRANK rencontre une **JEUNE FILLE.**

LA JEUNE FILLE.

Bonsoir, Frank, où vas-tu? la plaine est solitaire.
Qu'as-tu fait de tes chiens, imprudent montagnard?

FRANK.

Bonsoir, Déidamia, qu'as-tu fait de ta mère?
Prudente jeune fille, où t'en vas-tu si tard?

LA JEUNE FILLE.

J'ai cueilli sur ma route un bouquet d'églantine;

Mais la neige et les vents l'ont fané sur mon cœur.
Le voilà, si tu veux, pour te porter bonheur.
Elle lui jette son bouquet.

FRANK, seul, ramassant le bouquet.

Comme elle court gaîment! Sa mère est ma voisine;
J'ai vu cette enfant-là grandir et se former.
Pauvre, innocente fille! elle aurait pu m'aimer.
Exit.

SCÈNE III

Un chemin creux dans une forêt. — Le point du jour.

FRANK, assis sur l'herbe.

Et quand tout sera dit, — quand la triste demeure
De ce malheureux Frank, de ce vil mendiant,
Sera tombée en poudre et dispersée au vent,
Lui, que deviendra-t-il? — Il sera temps qu'il meure!
Et s'il est jeune encor, s'il ne veut pas mourir?
Ah! massacre et malheur! que vais-je devenir?
Il s'endort.

UNE VOIX, dans un songe.

Il est deux routes dans la vie;
L'une solitaire et fleurie,
Qui descend sa pente chérie
Sans se plaindre et sans soupirer.
Le passant la remarque à peine,
Comme le ruisseau de la plaine,

Que le sable de la fontaine
Ne fait pas même murmurer.
L'autre, comme un torrent sans digue,
Dans une éternelle fatigue,
Sous les pieds de l'enfant prodigue
Roule la pierre d'Ixion.
L'une est bornée, et l'autre immense ;
L'une meurt où l'autre commence ;
La première est la patience,
La seconde est l'ambition.

FRANK, rêvant.

Esprits ! si vous venez m'annoncer ma ruine,
Pourquoi le Dieu qui me créa
Fit-il, en m'animant, tomber dans ma poitrine
L'étincelle divine
Qui me consumera ?
Pourquoi suis-je le feu qu'un salamandre habite ?
Pourquoi sens-je mon cœur se plaindre et s'étonner,
Ne pouvant contenir ce rayon qui s'agite,
Et qui, venu du ciel, y voudrait retourner ?

LA VOIX.

Ceux dont l'ambition a dévoré la vie,
Et qui sur cette terre ont cherché la grandeur,
Ceux-là, dans leur orgueil, se sont fait un honneur
De mépriser l'amour et sa douce folie.
Ceux qui, loin des regards, sans plainte et sans désirs,
Sont morts silencieux sur le cœur d'une femme,

O jeune montagnard, ceux-là, du fond de l'âme,
Ont méprisé la gloire et ses tristes plaisirs.

FRANK.

Vous parlez de grandeur, et vous parlez de gloire.
Aurai-je des trésors? l'homme dans sa mémoire
    Gardera-t-il mon souvenir?
Répondez, répondez avant que je m'éveille.
    Déroulez-moi ce qui sommeille
    Dans l'océan de l'avenir!

LA VOIX.

Voici l'heure où, le cœur libre d'inquiétude,
Tu te levais jadis pour reprendre l'étude,
Tes pensers de la veille et tes travaux du jour.
Seul, poursuivant tout bas tes chimères d'amour,
Tu gagnais lentement la maison solitaire
Où ta Déidamia veillait près de sa mère.
Frank, tu venais t'asseoir au paisible foyer,
Raconter tes chagrins, sinon les oublier.
Tous deux sans espérance, et dans la solitude,
Enfants, vous vous aimiez, et bientôt l'habitude,
Tous les jours, malgré toi, t'enseigna ce chemin;
Car l'habitude est tout au pauvre cœur humain.

FRANK.

Esprits, il est trop tard, j'ai brûlé ma chaumière!

LA VOIX.

Repens-toi! repens-toi!

FRANK.

    Non! non! j'ai tout perdu.

LA VOIX.

Repens-toi! repens-toi!

FRANK.

Non! j'ai maudit mon père.

LA VOIX.

Alors, lève-toi donc, car ton jour est venu.

Le soleil paraît; Frank s'éveille; Stranio, jeune palatin, et sa maîtresse, Monna Belcolore, passent à cheval.

STRANIO.

Holà! dérange-toi, manant, pour que je passe.

FRANK.

Attends que je me lève, et prends garde à tes pas.

STRANIO.

Chien, lève-toi plus vite, ou reste sur la place.

FRANK.

Tout beau, l'homme à cheval, tu ne passeras pas.
Dégaîne-moi ton sabre, ou c'est fait de ta vie.
Allons, pare ceci.

Ils se battent, Stranio tombe.

BELCOLORE.

Comment t'appelles-tu?

FRANK.

Charles Frank.

BELCOLORE.

Tu me plais, et tu t'es bien battu.
Ton pays?

FRANK.

Le Tyrol.

BELCOLORE.

Me trouves-tu jolie?

FRANK.

Belle comme un soleil.

BELCOLORE.

J'ai dix-huit ans, — et toi?

FRANK.

Vingt ans.

BELCOLORE.

Monte à cheval, et viens souper chez moi.

Exeunt.

ACTE DEUXIÈME

SCÈNE PREMIÈRE

Un salon.

FRANK, *devant une table chargée d'or.*

De tous les fils secrets qui font mouvoir la vie,
O toi, le plus subtil et le plus merveilleux !
Or ! principe de tout, larme au soleil ravie !
Seul dieu toujours vivant, parmi tant de faux dieux !
Méduse, dont l'aspect change le cœur en pierre,
Et fait tomber en poudre aux pieds de la rosière
La robe d'innocence et de virginité ! —
Sublime corrupteur ! — Clef de la volonté ! —
Laisse-moi t'admirer ! — parle-moi, — viens me dire
Que l'honneur n'est qu'un mot, que la vertu n'est rien ;
Que, dès qu'on te possède, on est homme de bien ;
Que rien n'est vrai que toi ! — Qu'un esprit en délire
Ne saurait inventer de rêves si hardis,
Si monstrueusement en dehors du possible,
Que tu ne puisse encor sur ton levier terrible*

* Il faudrait un *s* au mot puisse. (*Note de l'auteur dans l'édition de* 1833.)

Soulever l'univers, pour qu'ils soient accomplis !
— Que de gens cependant n'ont jamais vu qu'en songe
Ce que j'ai devant moi ! — Comme le cœur se plonge
Avec ravissement dans un monceau pareil ! —
Tout cela, c'est à moi ; — les sphères et les mondes
Danseront un millier de valses et de rondes,
Avant qu'un coup semblable ait lieu sous le soleil*.
Ah ! mon cœur est noyé ! — Je commence à comprendre
Ce qui fait qu'un mourant que le frisson va prendre
A regarder son or trouve encor des douceurs,
Et pourquoi les vieillards se font enfouisseurs.

Comptant.

Quinze mille en argent, — le reste en signature.
C'est un coup du destin. — Quelle étrange aventure !
Que ferais-je aujourd'hui, qu'aurais-je fait demain,
Si je n'avais trouvé Stranio sur mon chemin ?
Je tue un grand seigneur, et lui prends sa maîtresse ;
Je m'enivre chez elle, et l'on me mène au jeu.
A jeun, j'aurais perdu, — je gagne dans l'ivresse ;
Je gagne, et je me lève. — Ah ! c'est un coup de Dieu.

Il ouvre la fenêtre.

Je voudrais bien me voir passer sous ma fenêtre
Tel que j'étais hier. — Moi, Frank, seigneur et maître
De ce vaste logis, possesseur d'un trésor,
Voir passer là-dessous Frank le coureur de lièvres,
Frank le pauvre, l'œil morne et la faim sur les lèvres,

---

* La terre pourra faire plus de mille danses, etc., etc. Schiller.
(Note de l'auteur.)

Le voir tendre la main et lui jeter cet or.
Tiens, Frank, tiens, mendiant, prends cela, pauvre hère.
Il prend une poignée d'or.
Il me semble en honneur que le ciel et la terre
Ne sauraient plus m'offrir que ce qui me convient,
Et que depuis hier le monde m'appartient.
Exit.

SCÈNE II

Une route. — Montagnards passant.

CHANSON DE CHASSE dans le lointain.

Chasseur, hardi chasseur, que vois-tu dans l'espace ?
Mes chiens grattent la terre et cherchent une trace.
Debout, mes cavaliers ! c'est le pied du chamois. —
Le chamois s'est levé. — Que ma maîtresse est belle ! —
Le chamois tremble et fuit. — Que Dieu veille sur elle ! —
Le chamois rompt la meute et s'enfuit dans le bois. —
Je voudrais par la main tenir ma belle amie. —
La meute et le chamois traversent la prairie ;
Hallali, compagnons, la victoire est à nous ! —
Que ma maîtresse est belle, et que ses yeux sont doux !

LE CHŒUR.

Amis, dans ce palais, sur la place où nous sommes,
Respire le premier et le dernier des hommes,
Frank, qui vécut vingt ans comme un hardi chasseur.
Aujourd'hui dans les fers d'une prostituée,
Que fait-il ? — Nuit et jour cette enceinte est fermée.

La solitude y règne, image de la mort.
Quelquefois seulement, quand la nuit est venue,
On voit à la fenêtre une femme inconnue
Livrer ses cheveux noirs aux vents affreux du nord.
Frank n'est plus ! sur les monts nul ne l'a vu paraître.
Puisse-t-il s'éveiller ! — Puisse-t-il reconnaître
La voix des temps passés ! — Frères, pleurons sur lui.
Charles ne viendra plus, au joyeux hallali,
Entouré de ses chiens sur les herbes sanglantes,
Découdre, les bras nus, les biches expirantes,
S'asseoir au rendez-vous, et boire dans ses mains
La neige des glaciers, vierge de pas humains.
Exeunt.

SCÈNE III

La nuit. — Une terrasse au bord d'un chemin.

MONNA BELCOLORE, FRANK, assis dans un kiosque.

BELCOLORE.

Dors, ô pâle jeune homme, épargne ta faiblesse.
Pose jusqu'à demain ton cœur sur ta maîtresse ;
La force t'abandonne, et le jour va venir.
Carlo, tes beaux yeux bleus sont las, — tu vas dormir.

FRANK.

Non, le jour ne vient pas, — non, je veille et je brûle !
O Belcolor, le feu dans mes veines circule.
Mon cœur languit d'amour, et si le temps s'enfuit,

Que m'importe ce ciel, et son jour et sa nuit?

BELCOLORE.

Ah! Carlo, mon Carlo, ta tête chancelante
Va tomber dans mes mains, sur ta coupe brûlante.
Tu t'endors, tu te meurs, tu t'enfuis loin de moi.
Ah! lâche efféminé, tu t'endors malgré toi.

FRANK.

Oui, le jour va venir. — O ma belle maîtresse!
Je me meurs; oui, je suis sans force et sans jeunesse,
Une ombre de moi-même, un reste, un vain reflet,
Et quelquefois la nuit mon spectre m'apparaît.
Mon Dieu! si jeune hier, aujourd'hui je succombe.
C'est toi qui m'as tué, ton beau corps est ma tombe.
Mes baisers sur ta lèvre en ont usé le seuil.
De tes longs cheveux noirs tu m'as fait un linceul.
Éloigne ces flambeaux, — entr'ouvre la fenêtre.
Laisse entrer le soleil, c'est mon dernier peut-être.
Laisse-moi le chercher, laisse-moi dire adieu
A ce beau ciel si pur qu'il a fait croire en Dieu!

BELCOLORE.

Pourquoi me gardes-tu, si c'est moi qui te tue,
Et si tu te crois mort pour deux nuits de plaisir?

FRANK.

Tous les amants heureux ont parlé de mourir.
Toi, me tuer, mon Dieu! Du jour où je t'ai vue,
Ma vie a commencé; le reste n'était rien;
Et mon cœur n'a jamais battu que sur le tien.
Tu m'as fait riche, heureux, tu m'as ouvert le monde.

Regarde, ô mon amour ! quelle superbe nuit !
Devant de tels témoins, qu'importe ce qu'on dit,
Pourvu que l'âme parle, et que l'âme réponde ?
L'ange des nuits d'amour est un ange muet.

BELCOLORE.

Combien as-tu gagné ce soir au lansquenet ?

FRANK.

Qu'importe ? Je ne sais. — Je n'ai plus de mémoire.
Voyons, — viens dans mes bras, — laisse-moi t'admirer.
Parle, réveille-moi, — conte-moi ton histoire. —
Quelle superbe nuit ! je suis prêt à pleurer.

BELCOLORE.

Si tu veux t'éveiller, dis-moi plutôt la tienne.

FRANK.

Nous sommes trop heureux pour que je m'en souvienne.
Que dirais-je, d'ailleurs ? Ce qui fait les récits,
Ce sont des actions, des périls dont l'empire
Est vivace, et résiste à l'heure des oublis.
Mais moi qui n'ai rien vu, rien fait, qu'ai-je à te dire ?
L'histoire de ma vie est celle de mon cœur ;
C'est un pays étrange où je fus voyageur.
Ah ! soutiens-moi le front, la force m'abandonne !
Parle, parle, je veux t'entendre jusqu'au bout.
Allons, un beau baiser, et c'est moi qui le donne,
Un baiser pour ta vie, et qu'on me dise tout.

BELCOLORE, soupirant.

Ah ! je n'ai pas toujours vécu comme l'on pense.
Ma famille était noble, et puissante à Florence.

On nous a ruinés ; — ce n'est que le malheur
Qui m'a forcée à vivre aux dépens de l'honneur...
Mon cœur n'était pas fait...

FRANK, se détournant.

Toujours la même histoire !
Voici peut-être ici la vingtième catin
A qui je la demande, et toujours ce refrain !
Qui donc ont-elles vu d'assez sot pour y croire ?
Mon Dieu ! dans quel bourbier me suis-je donc jeté ?
J'avais cru celle-ci plus forte, en vérité !

BELCOLORE.

Quand mon père mourut...

FRANK.

Assez, je t'en supplie.
Je me ferai conter le reste par Julie
Au premier carrefour où je la trouverai.

Tous deux restent en silence quelque temps.

Dis-moi, ce fameux jour que tu m'as rencontré,
Pourquoi, par quel hasard, — par quelle sympathie,
T'es-tu de m'emmener senti la fantaisie ?
J'étais couvert de sang, poudreux, et mal vêtu.

BELCOLORE.

Je te l'ai déjà dit, tu t'étais bien battu.

FRANK.

Parlons sincèrement, je t'ai semblé robuste.
Tes yeux, ma chère enfant, n'ont pas deviné juste.
Je comprends qu'une femme aime les porte-faix ;
C'est un goût comme un autre, il est dans la nature.

Mais moi, si j'étais femme, et si je les aimais,
Je n'irais pas chercher mes gens à l'aventure ;
J'irais tout simplement les prendre aux cabarets ;
J'en ferais lutter six, et puis je choisirais.
Encore un mot : cet homme à qui je t'ai volée
T'entretenait sans doute, — il était ton amant.

BELCOLORE.

Oui.

FRANK.

— Cette affreuse mort ne t'a pas désolée ?
Cet homme, il m'en souvient, râlait horriblement.
L'œil gauche était crevé, — le pommeau de l'épée
Avait ouvert le front, — la gorge était coupée.
Sous les pieds des chevaux l'homme était étendu.
Comme un lierre arraché qui rampe et qui se traîne
Pour se suspendre encore à l'écorce d'un chêne,
Ainsi ce malheureux se traînait suspendu
Aux restes de sa vie. — Et toi, ce meurtre infâme
Ne t'a pas de dégoût levé le cœur et l'âme ?
Tu n'as pas dit un mot, tu n'as pas fait un pas !

BELCOLORE.

Prétends-tu me prouver que j'aie un cœur de pierre ?

FRANK.

Et ce que je te dis ne te le lève pas ?

BELCOLORE.

Je hais les mots grossiers, — ce n'est pas ma manière.
Mais quand il n'en faut qu'un, je n'en dis jamais deux.
Frank, tu ne m'aimes plus.

FRANK.

Qui? moi? Je vous adore.
J'ai lu, je ne sais où, ma chère Belcolore,
Que les plus doux instants pour deux amants heureux,
Ce sont les entretiens d'une nuit d'insomnie,
Pendant l'enivrement qui succède au plaisir.
Quand les sens apaisés sont morts pour le désir;
Quand, la main à la main, et l'âme à l'âme unie,
On ne fait plus qu'un être, et qu'on sent s'élever
Ce parfum du bonheur qui fait longtemps rêver;
Quand l'amie, en prenant la place de l'amante,
Laisse son bien-aimé regarder dans son cœur,
Comme une fraîche source, où l'onde est confiante,
Laisse sa pureté trahir sa profondeur.
C'est alors qu'on connaît le prix de ce qu'on aime,
Que du choix qu'on a fait on s'estime soi-même,
Et que dans un doux songe on peut fermer les yeux!
N'est-ce pas, Belcolor? n'est-ce pas, mon amie?

BELCOLORE.

Laisse-moi.

FRANK.

N'est-ce pas que nous sommes heureux? —
Mais, j'y pense! — Il est temps de régler notre vie.
Comme on ne peut compter sur les jeux de hasard,
Nous piperons d'abord quelque honnête vieillard,
Qui fournira le vin, les meubles et la table.
Il gardera la nuit, et moi j'aurai le jour.
Tu pourras bien parfois lui jouer quelque tour,

J'entends quelque bon tour, adroit et profitable.
Il aura des amis que nous pourrons griser;
Tu seras le chasseur, et moi, le lévrier.
Avant tout, pour la chambre, une fille discrète,
Capable de graisser une porte secrète;
Mais nous la paierons bien : aujourd'hui tout se vend.
Quant à moi, je serai le cavalier servant.
Nous ferons à nous deux la perle des ménages.

BELCOLORE.

Ou tu vas en finir avec tes persiflages,
Ou je vais tout à l'heure en finir avec toi.
Veux-tu faire la paix? Je ne suis pas boudeuse,
Voyons, viens m'embrasser.

FRANK.

Cette fille est hideuse...
Mon Dieu, deux jours plus tard, c'en était fait de moi!

Il va s'appuyer sur la terrasse; un soldat passe à cheval sur la route.

LE SOLDAT, chantant.

Un soldat qui va son chemin
    Se raille du tonnerre.
Il tient son sabre d'une main,
    Et de l'autre son verre.
Quand il meurt, on le porte en terre
    Comme un seigneur.
Son cœur est à son amie,
Son bras est à sa patrie,
Et sa tête à l'empereur.

FRANK, l'appelant.

Holà, l'ami! deux mots. — Vous semblez un compère

De bonne contenance et de joyeuse humeur.
Vos braves compagnons vont-ils entrer en guerre?
Dans quelle place forte est donc votre empereur?

LE SOLDAT.

A Glurens. — Dans deux jours nous serons en campagne.
Je rejoins de ce pas ma corporation.

FRANK.

Venez-vous de la plaine ou bien de la montagne?
Connaissez-vous mon père et savez-vous mon nom?

LE SOLDAT.

Oh! je vous connais bien. — Vous êtes du village
Vis-à-vis le moulin. — Que faites-vous donc là?
Venez-vous avec nous?

FRANK.

   Oui, certe, et me voilà.

Il descend dans le chemin.

Je ne me suis pas mis en habit de voyage;
Vous me prêterez bien un vieux sabre là-bas?

A Belcolore.

Adieu, ma belle enfant, je ne souperai pas.

LE SOLDAT.

On vous équipera. — Montez toujours en croupe.
Parbleu! compagnon Frank, vous manquiez à la troupe.
Ah ça! dites-moi donc, tout en nous en allant,
S'il est vrai qu'un beau soir...

Ils partent au galop.

BELCOLORE, sur le balcon.

   Je l'aime cependant.

ACTE TROISIÈME

SCÈNE PREMIÈRE

Devant un palais. — Clurens.

CHŒUR DE SOLDATS.

Telles par l'ouragan les neiges flagellées
Bondissent en sifflant des glaciers aux vallées,
Tels se sont élancés, au signal du combat,
Les enfants du Tyrol et du Palatinat.
Maintenant l'empereur a terminé la guerre.
Les cantons sur leur porte ont plié leur bannière.
Écoutez, écoutez : c'est l'adieu des clairons ;
C'est la vieille Allemagne appelant ses barons.
Remonte maintenant, chasseur du cerf timide ;
Remonte, fils du Rhin, compagnon intrépide ;
Tes enfants sur ton cœur vont venir se presser.
Sors de ta lourde armure, et va les embrasser.
Soldats, arrêtons-nous. — C'est ici la demeure
Du capitaine Frank, du plus grand des soldats.
Notre vieil empereur l'a serré dans ses bras.
Couronné par le peuple, il viendra tout à l'heure

Souper dans ce palais avec ses compagnons.
Jamais preux chevalier n'a mieux conquis sa gloire.
Il a seul, près d'Inspruck, emporté l'aigle noire,
Du cœur de la mêlée aux bouches des canons.
Vingt fois ses cuirassiers l'ont cru, dans la bataille,
Coupé par les boulets, brisé par la mitraille.
Il avançait toujours, toujours en éclaireur,
On le voyait du feu sortir comme un plongeur.
Trois balles l'ont frappé; — sa trace était suivie;
Mais le Dieu des hasards n'a voulu de sa vie
Que ce qu'il en fallait pour gagner ses chevrons,
Et pouvoir de son sang dorer ses éperons.
Mais que nous veut ici cette fille italienne,
Les cheveux en désordre, et marchant à grands pas?
Où courez-vous si fort, femme? On ne passe pas.

Entre Belcolore.

BELCOLORE.

Est-ce ici la maison de votre capitaine?

LES SOLDATS.

Oui. — Que lui voulez-vous? — Parlez au lieutenant.

LE LIEUTENANT.

On ne peut ni passer ni monter, ma princesse.

BELCOLORE.

Il faut bien que je passe et que j'entre pourtant.
Mon nom est Belcolore, et je suis sa maîtresse.

LE LIEUTENANT.

Parbleu! ma chère enfant, je vous reconnais bien.
J'en suis au désespoir, mais je suis ma consigne.

Si Frank est votre amant, tant mieux ; je n'en crois rien :
Ce serait un honneur dont vous n'êtes pas digne.

BELCOLORE.

S'il n'est pas mon amant, il le sera ce soir.
Je l'aime ; comprends-tu? Je l'aime. — Il m'a quittée.
Et je viens le chercher, si tu veux le savoir.

LES SOLDATS.

Quelle tête de fer a donc cette effrontée,
Qui court après les gens un stylet à la main?

BELCOLORE.

Il me sert de flambeau pour m'ouvrir le chemin,
Allons, écartez-vous, et montrez-moi la porte.

LE LIEUTENANT.

Puisque vous le voulez, ma belle, la voilà.
Qu'elle entre, et qu'on lui donne un homme pour escorte.
C'est un diable incarné que cette femme-là.

Belcolore entre dans le palais. — Entre Frank couronné, à cheval.

CHŒUR DU PEUPLE.

Couvert de ces lauriers, il te sied, ô grand homme!
De marcher parmi nous comme un triomphateur.
La guerre est terminée, et l'empereur se nomme
  Ton royal débiteur.
Descends, repose-toi. — Reste dans l'hippodrome,
Lave tes pieds sanglants, victorieux lutteur.

Frank descend de cheval.

CHŒUR DES CHEVALIERS.

Homme heureux, jeune encor tu récoltes la gloire,
Cette plante tardive, amante des tombeaux.

La terre qui t'a vu chasse de sa mémoire
    L'ombre de ses héros.
Pareil à Béatrix au seuil du purgatoire,
Tes ailes vont s'ouvrir vers des chemins nouveaux.

LE PEUPLE.

Allons, que ce beau jour, levé sur une fête,
Dans un joyeux banquet finisse dignement.
Tes convives de fleurs ont couronné leur tête ;
    Ton vieux père t'attend.
Que tardons-nous encore? Allons, la table est prête.
Entrons dans ton palais ; déjà la nuit descend.

Ils entrent dans le palais.

SCÈNE II

FRANK, GUNTHER, restés seuls.

GUNTHER.

Ne les suivez-vous pas, seigneur, sous ce portique?
O mon maître, au milieu d'une fête publique,
Qui d'un si juste coup frappe nos ennemis,
Avez-vous distingué le cœur de vos amis?
Hélas! les vrais amis se taisent dans la foule ;
Il leur faut, pour s'ouvrir, que ce vain flot s'écoule.
O mon frère, ô mon maître! ils t'ont proclamé roi!
Dieu merci, quoique vieux, je puis encor te suivre,
Jeune soleil levant, si le ciel me fait vivre.
Je ne suis qu'un soldat, seigneur, excusez-moi.

Mon amitié vous blesse et vous est importune.
Ne partagez-vous point l'allégresse commune?
Qui vous arrête ici? Vous devez être las.
La peine et le danger font les joyeux repas.

    LE CHŒUR, dans la maison.

  Chantons, et faisons vacarme,
 Comme il convient à de dignes buveurs.
  Vivent ceux que le vin désarme!
  Les jours de combat ont leur charme;
  Mais la paix a bien ses douceurs.

    GUNTHER.

Seigneur, mon cher seigneur, pourquoi ces regards sombres?
Le vin coule et circule. — Entendez-vous ces chants?
Des convives joyeux je vois flotter les ombres,
Derrière ces vitraux de feu resplendissants.

    LE CHŒUR, à la fenêtre.

Frank, pourquoi tardes-tu? — Gunther, si notre troupe
Ne fait pas, sous ce toit, peur à vos cheveux blancs,
Soyez le bienvenu pour vider une coupe.
Nous sommes assez vieux pour oublier les ans.

    GUNTHER.

La pâleur de la mort est sur votre visage,
Seigneur. — D'un noir souci votre esprit occupé
Méconnaît-il ma voix? — De quel sombre nuage
Les rêves de la nuit l'ont-ils enveloppé?

    FRANK.

Fatigué de la route et du bruit de la guerre,
Ce matin de mon camp je me suis écarté :

J'avais soif; mon cheval marchait dans la poussière,
Et sur le bord d'un puits je me suis arrêté.
J'ai trouvé sur un banc une femme endormie,
Une pauvre laitière, un enfant de quinze ans,
Que je connais, Gunther. — Sa mère est mon amie.
J'ai passé de beaux jours chez ces bons paysans.
Le cher ange dormait les lèvres demi-closes. —
(Les lèvres des enfants s'ouvrent, comme les roses,
Au souffle de la nuit). — Ses petits bras lassés
Avaient dans son panier roulé les mains ouvertes.
D'herbes et d'églantine elles étaient couvertes.
De quel rêve enfantin ses sens étaient bercés,
Je l'ignore. — On eût dit qu'en tombant sur sa couche,
Elle avait à moitié laissé quelque chanson,
Qui revenait encor voltiger sur sa bouche,
Comme un oiseau léger sur la fleur d'un buisson.
Nous étions seuls. J'ai pris ses deux mains dans les miennes,
Je me suis incliné, — sans l'éveiller pourtant. —
O Gunther! J'ai posé mes lèvres sur les siennes,
Et puis je suis parti, pleurant comme un enfant.

ACTE QUATRIÈME

SCÈNE PREMIÈRE

Devant le palais de Frank. — La porte est tendue en noir. — On dresse un catafalque.

FRANK, vêtu en moine et masqué ; DEUX SERVITEURS.

FRANK.

Que l'on apporte ici les cierges et la bière.
Souvenez-vous surtout que c'est moi qu'on enterre,
Moi, capitaine Frank, mort hier dans un duel.
Pas un mot, — ni regard, — ni haussement d'épaules ;
Pas un seul mouvement qui sorte de vos rôles.
Songez-y. — Je le veux.

Les serviteurs s'en vont.

Eh bien ! juge éternel,
Je viens t'interroger. Les transports de la fièvre
N'agitent pas mon sein. — Je ne viens ni railler
Ni profaner la mort. — J'agis sans conseiller.
Regarde, et réponds-moi. — Je fais comme l'orfèvre
Qui frappe sur le marbre une pièce d'argent.
Il reconnaît au son la pure fonderie ;
Et moi, je viens savoir quel son rendra ma vie,

Quand je la frapperai sur ce froid monument.
Déjà le jour paraît; — le soldat sort des tentes.
Maintenant le bois vert chante dans le foyer;
Les rames du pêcheur et du contrebandier
Se lèvent, de terreur et d'espoir palpitantes.
Quelle agitation, quel bruit dans la cité!
Quel monstre remuant que cette humanité!
Sous ces dix mille toits, que de corps, que d'entrailles!
Que de sueurs sans but, que de sang, que de fiel!
Sais-tu pourquoi tu dors et pourquoi tu travailles,
Vieux monstre aux mille pieds, qui te crois éternel?
Cet honnête cercueil a quelques pieds, je pense,
De plus que mon berceau. — Voilà leur différence.
Ah! pourquoi mon esprit va-t-il toujours devant,
Lorsque mon corps agit? Pourquoi dans ma poitrine
Ai-je un ver travailleur, qui toujours creuse et mine,
Si bien que sous mes pieds tout manque en arrivant?

<small>Entre le chœur des soldats et du peuple.</small>

LE CHŒUR.

On dit que Frank est mort. Quand donc? Comment s'appelle
Celui qui l'a tué? — Quelle était la querelle?
On parle d'un combat. — Quand se sont-ils battus?

<small>FRANK, masqué*.</small>

A qui parlez-vous donc? Il ne vous entend plus.

<small>Il leur montre la bière.</small>

---

* Frank, durant cette scène, doit déguiser sa voix. Je prie ceux qui la trouveraient invraisemblable d'aller au bal de l'Opéra. Un de mes amis fit déguiser sa servante au carnaval et la plaça dans son salon, au milieu

LE CHŒUR, s'inclinant.

S'il est un meilleur monde au-dessus de nos têtes,
O Frank ! si du séjour des vents et des tempêtes
Ton âme sur ces monts plane et voltige encor ;
Si ces rideaux de pourpre et ces ardents nuages,
Que chasse dans l'éther le souffle des orages,
Sont des guerriers couchés dans leurs armures d'or,
Penche-toi, noble cœur, sur ces vertes collines,
Et vois tes compagnons briser leurs javelines
Sur cette froide terre où ton corps est resté !

GUNTHER, accourant.

Quoi ! si brave et si jeune, et sitôt emporté !
Mon Frank ? est-ce bien vrai, messieurs ? Ah ! mort funeste !
Moi qui ne demandais qu'à vivre assez longtemps
Pour te voir accomplir ta mission céleste !
Me voilà seul au monde avec mes cheveux blancs !
Moi qui n'avais de jeune encor que ta jeunesse !
Moi qui n'aimais que toi ! Misérable vieillesse !
Je ne te verrai plus, mon Frank ! On t'a tué.

FRANK, à part.

Ce pauvre vieux Gunther, je l'avais oublié.

LE CHŒUR.

Qu'on voile les tambours, que le prêtre s'avance.

---

d'un bal où personne n'était masqué. On ne lui avait mis qu'un petit masque sans barbe qui ne cachait point la bouche; et cependant elle dansa presque deux heures entières, sans être reconnue, avec des jeunes gens à qui elle avait apporté deux cents verres d'eau dans sa vie.

(Note de l'auteur.)

A genoux, compagnons, tête nue et silence.
Qu'on dise devant nous la prière des morts.
Nous voulons au tombeau porter le capitaine.
Il est mort en soldat, sur la terre chrétienne.
L'âme appartient à Dieu ; l'armée aura le corps.

TROIS MOINES, s'avançant.

CHANT.

>Le Seigneur sur l'ombre éternelle
>Suspend son ardente prunelle,
>Et, glorieuse sentinelle,
>Attend les bons et les damnés.
>Il sait qui tombe dans sa voie ;
>Lorsqu'il jette au néant sa proie,
>Il dit aux maux qu'il nous envoie :
>« Comptez les morts que vous prenez. »

LE CHŒUR, à genoux.

Seigneur, j'ai plus péché que vous ne pardonnez.

LES MOINES.

>Il dit aux épaisses batailles :
>« Comptez vos chefs sans funérailles,
>Qui pour cercueil ont les entrailles
>De la panthère et du lion ;
>Que le juste triomphe ou fuie,
>Comptez, quand le glaive s'essuie,
>Les morts tombés comme la pluie
>Sur la montagne et le sillon. »

LE CHŒUR.

Seigneur, préservez-moi de la tentation.

LES MOINES.

« Car un jour de pitié profonde,
Ma parole, en terreur féconde,
Sur le pôle arrêtant le monde,
Les trépassés se lèveront;
Et des mains vides de l'abîme
Tombera la frêle victime,
Qui criera : Grâce! — et de son crime
Trouvera la tache à son front. »

LE CHŒUR.

Et mes dents grinceront ! mes os se sécheront

LES MOINES.

Qu'il vienne d'en bas ou du faîte,
Selon le dire du prophète,
Justice à chacun sera faite,
Ainsi qu'il aura mérité.
Or donc, gloire à Dieu notre père.
Si l'impie a vécu prospère,
Que le juste en son âme espère!
Gloire à la sainte Trinité!

FRANK, à part.

C'est une jonglerie atroce, en vérité !
O toi qui les entends, suprême Intelligence,
Quelle pagode ils font de leur Dieu de vengeance!
Quel bourreau rancunier, brûlant à petit feu !
Toujours la peur du feu. — C'est bien l'esprit de Rome.
Ils vous diront après que leur Dieu s'est fait homme.
J'y reconnais plutôt l'homme qui s'est fait Dieu.

LE CHŒUR.

Notre tâche, messieurs, n'est pas encor remplie.
Nous avons pour son âme imploré le pardon.
Si l'un de nous connaît l'histoire de sa vie,
Qu'il s'avance et qu'il parle.

FRANK, à part.

Ah ! nous y voilà donc.

UN OFFICIER, sortant des rangs.

Soldats et chevaliers, braves compagnons d'armes,
Si jamais homme au monde a mérité vos larmes,
C'est celui qui n'est plus. — Charle était mon ami.
J'ai le droit d'être fier dès qu'il s'agit de lui.
— Né dans un bourg obscur, au fond d'une chaumière,
Frank chez des montagnards vécut longtemps en frère,
En fils, — chéri de tous, et de tous bienvenu.

FRANK, s'avançant.

Vous vous trompez, monsieur, vous l'avez mal connu.
Frank était détesté de tout le voisinage.
Est-il ici quelqu'un qui soit de son village ?
Demandez si c'est vrai. — Moi, j'en étais aussi.

LE PEUPLE.

Moine, n'interromps pas. — Cet homme est son ami.

LES SOLDATS.

C'est vrai que le cher homme avait l'âme un peu fière ;
S'il aimait ses voisins, il n'y paraissait guère,
Un certain jour surtout qu'il brûla sa maison.
Je n'en ai jamais su, quant à moi, la raison.

L'OFFICIER.

Si Charle eut des défauts, ne troublons pas sa cendre.
Sont-ce de tels témoins qu'il nous convient d'entendre ?
Soldats, Frank se sentait une autre mission.
Qui jamais s'est montré plus vif dans l'action,
Plus fort dans le conseil ? Qui jamais mieux que Charle
Prouva son éloquence à l'heure où le bras parle ?
Vous le savez, soldats, j'ai combattu sous lui ;
Je puis dire à mon tour : Moi, j'en étais aussi.
Une ardeur sans égale, un courage indomptable,
Un homme encor meilleur qu'il n'était redoutable,
Une âme de héros : — voilà ce que j'ai vu.

FRANK.

Vous vous trompez, monsieur, vous l'avez mal connu.
Frank n'a jamais été qu'un coureur d'aventure,
Qu'un fou, risquant sa vie et celle des soldats,
Pour briguer des honneurs qu'il ne méritait pas.
Né sans titres, sans bien, parti d'une masure,
Il faisait au combat ce qu'on fait aux brelans,
Il jouait tout ou rien, — la mort ou la fortune.
Ces gens-là bravent tout, l'espèce en est commune ;
Ils inondent les ports, l'armée et les couvents.
Croyez-vous que ce Frank valût sa renommée ?
Qu'il respectât les lois ? qu'il aimât l'empereur ?
Il a vécu huit jours, avant d'être à l'armée,
Avec la Belcolor, comme un entremetteur.
Est-il ici quelqu'un qui dise le contraire ?

LES SOLDATS.

Ma foi ! depuis le jour qu'il a quitté son père,
C'est vrai que ledit Frank a fait plus d'un métier.
Nous la connaissons bien, nous, Monna Belcolore.
Elle couchait chez lui ; — nous l'avons vue hier.

LE PEUPLE.

Laissez parler le moine ! —

FRANK.

Il a fait pis encore :
Il a réduit son père à la mendicité.
Il avait besoin d'or pour cette courtisane ;
Le peu qu'il possédait, c'est là qu'il l'a porté.
Soldats, que faites-vous à celui qui profane
La cendre d'un bon fils et d'un homme de bien ?
J'ai mérité la mort, si ce crime est le mien.

LE PEUPLE.

Dis-nous la vérité, moine, et parle sans crainte.

FRANK.

Mais si les Tyroliens qui sont dans cette enceinte
Trouvent que j'ai raison, s'ils sont prêts au besoin
A faire comme moi, qui prends Dieu pour témoin...

LES TYROLIENS.

Oui, oui, nous l'attestons, Frank est un misérable.

FRANK.

Le jour qu'il refusa sa place à votre table,
Vous en souvenez-vous ?

LES TYROLIENS.

Oui, oui, qu'il soit maudit !

FRANK.

Le jour qu'il a brûlé la maison de son père ?

LES SOLDATS.

Oui ! le moine sait tout.

FRANK.

Et, si comme on le dit,
Il a tué Stranio sur le bord de la route...

LE PEUPLE.

Stranio, ce palatin que Brandel a trouvé
Au fond de la forêt, couché sur le pavé ?

FRANK.

C'est lui qui l'a tué !

LES SOLDATS.

Pour le piller, sans doute !
Misérable assassin ! meurtrier sans pitié !

FRANK.

Et son orgueil de fer, l'avez-vous oublié ?

TOUS.

Jetons sa cendre au vent !

FRANK.

Au vent le parricide !
Le coupeur de jarrets, l'incendiaire au vent !
Allons, brisons ceci.

Il ouvre la bière.

LE PEUPLE ET LES SOLDATS.

Moine, la bière est vide.

FRANK, se démasquant.

La bière est vide ? alors c'est que Frank est vivant.

LES SOLDATS.

Capitaine, c'est vous !

FRANK, à l'officier.

Lieutenant, votre épée.

Vous avez laissé faire une étrange équipée.
Si j'avais été mort, où serais-je à présent ?
Vous ne savez donc pas qu'il y va de la tête ?
Au nom de l'empereur, monsieur, je vous arrête ;
Ramenez vos soldats, et rendez-vous au camp.

Tout le monde sort en silence.

FRANK, seul.

C'en est fait, — une soif ardente, inextinguible,
Dévorera mes os tant que j'existerai.
O mon Dieu ! tant d'efforts, un combat si terrible,
Un dévouement sans borne, un corps tout balafré...
Allons, un peu de calme, il n'est pas temps encore.
Qui vient de ce côté ? n'est-ce pas Belcolore ?
Ah ! ah ! nous allons voir ; — tout n'est pas fini là.

Il remet son masque et recouvre la bière. — Entre Belcolore, en grand deuil ; elle va s'agenouiller sur les marches du catafalque.

C'est bien elle ; elle approche, elle vient, — la voilà.
Voilà bien ce beau corps, cette épaule charnue,
Cette gorge superbe et toujours demi-nue,
Sous ces cheveux plaqués ce front stupide et fier,
Avec ces deux grands yeux qui sont d'un noir d'enfer.
Voilà bien la sirène et la prostituée ; —
Le type de l'égout ; — la machine inventée
Pour désopiler l'homme et pour boire son sang ; —
La meule de pressoir de l'abrutissement.

Quelle atmosphère étrange on respire autour d'elle !
Elle épuise, elle tue, et n'en est que plus belle.
Deux anges destructeurs marchent à son côté ;
Doux et cruels tous deux, — la mort, — la volupté.
— Je me souviens encor de ces spasmes terribles,
De ces baisers muets, de ces muscles ardents,
De cet être absorbé, blême et serrant les dents.
S'ils ne sont pas divins, ces moments sont horribles.
Quel magnétisme impur peut-il donc en sortir ?
Toujours en l'embrassant j'ai désiré mourir.
— Ah ! malheur à celui qui laisse la débauche
Planter le premier clou sous sa mamelle gauche !
Le cœur d'un homme vierge est un vase profond !
Lorsque la première eau qu'on y verse est impure,
La mer y passerait sans laver la souillure,
Car l'abîme est immense, et la tache est au fond.

Il s'approche du tombeau.

Qui donc pleurez-vous là, madame ? êtes-vous veuve ?

BELCOLORE.

Veuve, vous l'avez dit, — de mes seules amours.

FRANK.

D'hier, apparemment, — car cette robe est neuve.
Comme le noir vous sied !

BELCOLORE.

D'hier, et pour toujours.

FRANK.

Toujours, avez-vous dit ? — Ah ! Monna Belcolore,
Toujours, c'est bien longtemps.

BELCOLORE.
D'où me connaissez-vous ?

FRANK.
De Naple, où cet hiver je te cherchais encore.
Naple est si beau, ma chère, et son ciel est si doux !
Tu devrais bien venir m'aider à m'y distraire.

BELCOLORE.
Je ne vous remets pas.

FRANK.
Bon ! tu m'as oublié !
Je suis masqué d'ailleurs, et que veux-tu, ma chère ?
Ton cœur est si peuplé, je m'y serai noyé.

BELCOLORE.
Passez votre chemin, moine, et laissez-moi seule.

FRANK.
Bon ! si tu pleures tant, tu deviendras bégueule.
Voyons, ma belle amie, à parler franchement,
Tu vas te trouver seule, et tu n'as plus d'amant.
Ton capitaine Frank n'avait ni sou ni maille.
C'était un bon soldat, charmant à la bataille ;
Mais quel pauvre écolier en matière d'amour !
Sentimental la nuit, et persifleur le jour.

BELCOLORE.
Tais-toi, moine insolent, si tu tiens à ton âme !
Il n'est pas toujours bon de me parler ainsi.

FRANK.
Ma foi, les morts sont morts : — si vous voulez, madame,
Cette bourse est à vous, cette autre, et celle-ci ;

Et voilà le papier pour faire l'enveloppe.
Il couvre la bière d'or et de billets.

BELCOLORE.

Si je te disais oui, tu serais mal tombé.

FRANK, à part.

Ah ! voilà Jupiter qui tente Danaé.
Haut.

Je vous en avertis, je suis très misanthrope :
Je vous enfermerai dans le fond d'un palais.
J'ai l'humeur bilieuse, et je bats mes valets.
Quand je digère mal, j'entends qu'on m'obéisse.
J'aime qu'on soit joyeux lorsque j'ai la jaunisse,
Et quand je ne dors pas tout le monde est debout.
Je suis capricieux, — êtes-vous de mon goût ?

BELCOLORE.

Non, par la sainte croix !

FRANK.

Si vous aimez les roubles,
Il m'en reste encor là, mais je n'ai que des doubles.
Il jette une autre bourse sur la bière.

BELCOLORE.

Tu me donnes cela ?

FRANK, à part.

Voyez l'attraction !
Comme la chair est faible à la tentation !
Haut.

J'ai de plus un ulcère à côté de la bouche

Qui m'a défiguré; — je suis maigre, et je louche :
Mais ces misères-là ne te dégoûtent pas.

BELCOLORE.

Vous me faites frémir.

FRANK.

J'ai là, Dieu me pardonne,
Certain bracelet d'or qu'il faut que je vous donne :
Il ira bien, je pense, avec ce joli bras.

Il jette un bracelet sur la bière.

Cet ulcère est horrible, il m'a rongé la joue,
Il m'a brisé les dents. — J'étais laid, je l'avoue.
Mais depuis que je l'ai, je suis vraiment hideux :
J'ai perdu mes sourcils, ma barbe et mes cheveux.

BELCOLORE.

Dieu du ciel, quelle horreur !

FRANK.

J'ai là, sous ma simarre,
Un collier de rubis d'une espèce assez rare.

Il jette un collier sur la bière.

BELCOLORE.

Il est fait à Paris ?

FRANK, *à part.*

Voyez-vous le poisson,
Comme il vient à fleur d'eau reprendre l'hameçon !

Haut.

Si c'était tout, du moins ! Mais cette affreuse plaie
Me donne l'air d'un mort traîné sur une claie;

Elle pompe mon sang, mes os sont cariés
De la nuque du crâne à la plante des pieds...

BELCOLORE.

Assez, au nom du ciel ! je vous demande grâce !

FRANK.

Si tu t'en vas, rends-moi ce que je t'ai donné.

BELCOLORE.

Vous mentez à plaisir.

FRANK.

Veux-tu que je t'embrasse ?

BELCOLORE.

Eh bien ! oui, je le veux.

FRANK, à part.

Tu pâlis, Danaé.

Il lui prend la main. — Haut.

Regarde, mon enfant ; cette rue est déserte.
Dessous ce catafalque est un profond caveau.
Descendons-y tous deux ; — la porte en est ouverte.

BELCOLORE.

Sous la maison de Frank !

FRANK, à part.

— Pourquoi pas mon tombeau ?

Haut.

— Au fait, nous sommes seuls ; cette bière est solide.
Asseyons-nous dessus. — Nous serons en plein vent.
Qu'en dites-vous, mon cœur ?

Il écarte le drap mortuaire ; la bière s'ouvre.

BELCOLORE.

        Moine, la bière est vide.

FRANK, se démasquant.

La bière est vide ? alors c'est que Frank est vivant.
— Va-t'en, prostituée, ou ton heure est venue !
— Va-t'en, ne parle pas ! ne te retourne pas !
  Il la chasse, son poignard à la main.

FRANK, seul.

Ta lame, ô mon stylet, est belle toute nue
Comme une belle vierge. — O mon cœur et mon bras,
Pourquoi donc tremblez-vous, et pourquoi l'un de l'autre
Vous approchez-vous donc, comme pour vous unir ?
Oui, c'était ma pensée ; — était-ce aussi la vôtre,
Providence de Dieu, que tout allait finir ?
— Et toi, morne tombeau, tu m'ouvres ta mâchoire.
Tu ris, spectre affamé. Je n'ai pas peur de toi.
Je renierai l'amour, la fortune et la gloire ;
Mais je crois au néant, comme je crois en moi.
Le soleil le sait bien, qu'il n'est sous sa lumière
Qu'une immortalité, celle de la matière.
La poussière est à Dieu ; — le reste est au hasard.
Qu'a fait le vent du nord des cendres de César ?
Une herbe, un grain de blé, mon Dieu, voilà la vie.
Mais moi, fils du hasard, moi Frank, avoir été
Un petit monde, un tout, une forme pétrie,
Une lampe où brûlait l'ardente volonté,
Et que rien, après moi, ne reste sur le sable
Où l'ombre de mon corps se promène ici-bas !

Rien ! pas même un enfant, un être périssable !
Rien qui puisse y clouer la trace de mes pas !
Rien qui puisse crier d'une voix éternelle
A ceux qui téteront la commune mamelle :
Moi, votre frère aîné, je m'y suis suspendu !
Je l'ai tétée aussi, la vivace marâtre ;
Elle m'a, comme à vous, livré son sein d'albâtre...
— Et pourtant, jour de Dieu, si je l'avais mordu !
Si je l'avais mordu, le sein de la nourrice ?
Si je l'avais meurtri d'une telle façon
Qu'elle en puisse à jamais garder la cicatrice,
Et montrer sur son cœur les dents du nourrisson ?
Qu'importe le moyen pourvu qu'on s'en souvienne ?
Le bien a pour tombeau l'ingratitude humaine.
Le mal est plus solide : Érostrate a raison.
Empédocle a vaincu les héros de l'histoire,
Le jour qu'en se lançant dans le cœur de l'Etna,
Du plat de sa sandale il souffleta la gloire,
Et la fit trébucher si bien qu'elle y tomba.
Que lui faisait le reste ? Il a prouvé sa force.
Les siècles maintenant peuvent se remplacer ;
Il a si bien gravé son chiffre sur l'écorce
Que l'arbre peut changer de peau sans l'effacer.
Les parchemins sacrés pourriront dans les livres ;
Les marbres tomberont comme des hommes ivres,
Et la langue d'un peuple avec lui s'éteindra.
Mais le nom de cet homme est comme une momie,
Sous les baumes puissants pour toujours endormie,

Sur laquelle jamais l'herbe ne poussera.
Je ne veux pas mourir. — Regarde-moi, Nature.
Ce sont deux bras nerveux que j'agite dans l'air.
C'est dans tous tes néants que j'ai trempé l'armure
Qui me protégera de ton glaive de fer.
J'ai faim. — Je ne veux pas quitter l'hôtellerie.
Allons, qu'on se remue, et qu'on me rassasie,
Ou sinon, je me fais l'intendant de ma faim.
Prends-y garde; je pars. — N'importe le chemin. —
Je marcherai, j'irai, — partout où l'âme humaine
Est en spectacle, et souffre. — Ah! la haine! la haine!
La seule passion qui survive à l'espoir!
Tu m'as déjà hanté, boiteuse au manteau noir.
Nous nous sommes connus dans la maison de chaume;
Mais je ne croyais pas que ton pâle fantôme,
De tous ceux qui dans l'air voltigeaient avec toi,
Dût être le dernier qui restât près de moi.
Eh bien! baise-moi donc! triste et fidèle amie.
Tu vois, j'ai soulevé les voiles de ma vie. —
Nous partirons ensemble; — et toi qui me suivras,
Comme une sœur pieuse, aux plus lointains climats,
Tu seras mon asile et mon expérience.
Si le doute, ce fruit tardif et sans saveur,
Est le dernier qu'on cueille à l'arbre de science,
Qu'ai-je à faire de plus, moi qui le porte au cœur?
Le doute! il est partout, et le courant l'entraîne,
Ce linceul transparent, que l'incrédulité
Sur le bord de la tombe a laissé par pitié

Au cadavre flétri de l'éspérance humaine !

   O siècles à venir ! quel est donc votre sort ?
La gloire comme une ombre au ciel est remontée.
L'amour n'existe plus ; — la vie est dévastée, —
Et l'homme, resté seul, ne croit plus qu'à la mort.

   Tels que dans un pillage, en un jour de colère,
On voit, à la lueur d'un flambeau funéraire,
Des meurtriers, courbés dans un silence affreux,
Égorger une vierge, et dans ses longs cheveux
Plonger leurs mains de sang ; — la frêle créature
Tombe comme un roseau sur ses bras mutilés : —
Tels les analyseurs égorgent la nature
Silencieusement, sous les cieux dépeuplés.

   Que vous restera-t-il, enfants de nos entrailles,
Le jour où vous viendrez suivre les funérailles
De cette moribonde et vieille humanité ?
Ah ! tu nous maudiras, pâle postérité !
Nos femmes ne mettront que des vieillards au monde.
Ils frapperont la terre avant de s'y coucher ;
Puis ils crieront à Dieu : Père, elle était féconde.
A qui donc as-tu dit de nous la dessécher ?

   Mais vous, analyseurs, persévérants sophistes,
Quand vous aurez tari tous les puits des déserts,
Quand vous aurez prouvé que ce large univers
N'est qu'un mort étendu sous les anatomistes ;
Quand vous nous aurez fait de la création
Un cimetière en ordre, où tout aura sa place,
Où vous aurez sculpté, de votre main de glace,

Sur tous les monuments la même inscription ;
Vous, que ferez-vous donc, dans les sombres allées
De ce jardin muet ? — Les plantes désolées
Ne voudront plus aimer, nourrir, ni concevoir ; —
Les feuilles des forêts tomberont une à une, —
Et vous, noirs fossoyeurs, sur la bière commune
Pour ergoter encor vous viendrez vous asseoir ;
Vous vous entretiendrez de l'homme perfectible ; —
Vous galvaniserez ce cadavre insensible,
Habiles vermisseaux, quand vous l'aurez rongé ;
Vous lui commanderez de marcher sur sa tombe,
A cette ombre d'un jour, — jusqu'à ce qu'elle tombe
Comme une masse inerte, et que Dieu soit vengé.

Ah ! vous avez voulu faire les Prométhées ;
Et vous êtes venus, les mains ensanglantées,
Refondre et repétrir l'œuvre du Créateur !
Il valait mieux que vous, ce hardi tentateur,
Lorsqu'ayant fait son homme, et le voyant sans âme,
Il releva la tête et demanda le feu.
Vous, votre homme était fait ! vous, vous aviez la flamme !
Et vous avez soufflé sur le souffle de Dieu.

Le mépris, Dieu puissant, voilà donc la science !
L'éternelle sagesse est l'éternel silence ;
Et nous aurons réduit, quand tout sera compté,
Le balancier de l'âme à l'immobilité.

Quel hideux océan est-ce donc que la vie,
Pour qu'il faille y marcher à la superficie,
Et glisser au soleil en effleurant les eaux,

Comme ce fils de Dieu qui marchait sur les flots?
Quels monstres effrayants, quels difformes reptiles
Labourent donc les mers sous les pieds des nageurs,
Pour qu'on trouve toujours les vagues si tranquilles,
Et la pâleur des morts sur le front des plongeurs?
A-t-elle assez traîné, cette éternelle histoire
Du néant de l'amour, du néant de la gloire,
Et de l'enfant prodigue auprès de ses pourceaux!
Ah! sur combien de lits, sur combien de berceaux
Elle est venue errer, d'une voix lamentable,
Cette complainte usée et toujours véritable,
De tous les insensés que l'espoir a conduit!

 Pareil à ce Gygès, qui fuyait dans la nuit
Le fantôme royal de la pâle baigneuse
Livrée un seul instant à son ardent regard,
Le jeune ambitieux porte une plaie affreuse,
Tendre encor, mais profonde, et qui saigne à l'écart.
Ce qu'il fait, ce qu'il voit des choses de la vie,
Tout le porte, l'entraîne à son but idéal,
Clarté fuyant toujours, et toujours poursuivie,
Étrange idole, à qui tout sert de piédestal.
Mais si tout en courant la force l'abandonne,
S'il se retourne, et songe aux êtres d'ici-bas,
Il trouve tout à coup que ce qui l'environne
Est demeuré si loin qu'il n'y reviendra pas.
C'est alors qu'il comprend l'effet de son vertige,
Et que, s'il ne regarde au ciel, il va tomber.
Il marche; — son génie à poursuivre l'oblige; —

Il marche, et le terrain commence à surplomber. —
Enfin, — mais n'est-il pas une heure dans la vie
Où le génie humain rencontre la folie?
Ils luttent corps à corps sur un rocher glissant.
Tous deux y sont montés; mais un seul redescend.

   O mondes, ô Saturne, immobiles étoiles,
Magnifique univers, en est-ce ainsi partout?
O nuit, profonde nuit, spectre toujours debout,
Large création, quand tu lèves tes voiles
Pour te considérer dans ton immensité,
Vois-tu du haut en bas la même nudité?

   Dis-moi donc, en ce cas, dis-moi, mère imprudente,
Pourquoi m'obsèdes-tu de cette soif ardente,
Si tu ne connais pas de source où l'étancher?
Il fallait la créer, marâtre, ou la chercher.
L'arbuste a sa rosée, et l'aigle a sa pâture.
Et moi, que t'ai-je fait pour m'oublier ainsi?
Pourquoi les arbrisseaux n'ont-ils pas soif aussi?
Pourquoi forger la flèche, éternelle nature,
Si tu savais toi-même, avant de la lancer,
Que tu la dirigeais vers un but impossible,
Et que le dard, parti de ta corde terrible,
Sans rencontrer l'oiseau, pouvait te traverser?

   Mais cela te plaisait. — C'était réglé d'avance.
Ah! le vent du matin! le souffle du printemps!
C'est le cri des vieillards. — Moi, mon Dieu, j'ai vingt ans!

   Oh! si tu vas mourir, ange de l'espérance,
Sur mon cœur, en partant, viens encor te poser;

Donne-moi tes adieux et ton dernier baiser.
Viens à moi. — Je suis jeune, et j'aime encor la vie.
Intercède pour moi ; — demande si les cieux
Ont une goutte d'eau pour une fleur flétrie. —
Bel ange, en la buvant, nous mourrons tous les deux.

Il se jette à genoux; un bouquet tombe de son sein.

Qui me jette à mes pieds mon bouquet d'églantine?
As-tu donc si longtemps vécu sur ma poitrine*,
Pauvre herbe ! — C'est ainsi que ma Déidamia
Sur le bord de la route à mes pieds te jeta.

---

* Es-tu donc si longtemps resté sur ma poitrine.
(Édition de 1833.)

ACTE CINQUIÈME

SCÈNE PREMIÈRE

Une place.

DÉIDAMIA, LES VIERGES ET LES FEMMES.

DÉIDAMIA.

Tressez-moi ma guirlande, ô mes belles chéries !
Couronnez de vos fleurs mes pauvres rêveries.
Posez sur ma langueur votre voile embaumé ;
Au coucher du soleil j'attends mon bien-aimé.

LES VIERGES.

Adieu, nous te perdons, ô fille des montagnes !
Le bonheur nous oublie en venant te chercher.
Arrose ton bouquet des pleurs de tes compagnes ;
Fleur de notre couronne, on va t'en arracher.

LES FEMMES.

Vierge, à ton beau guerrier nous allons te conduire.
Nous te dépouillerons du manteau virginal.
Bientôt les doux secrets qu'il nous reste à te dire,
Feront trembler ta main sous l'anneau nuptial.

LES VIERGES.

L'écho n'entendra plus ta chanson dans la plaine;
Tu ne jetteras plus la toison des béliers
Sous les lions d'airain, pères de la fontaine,
Et la neige oubliera la forme de tes pieds.

LES FEMMES.

Que ton visage est beau! comme on y voit, ma chère,
Le premier des attraits, la beauté du bonheur!
Comme Frank va t'aimer! comme tu vas lui plaire,
O ma belle Diane, à ton hardi chasseur!

DÉIDAMIA.

Je souffre cependant. — Si vous me trouvez belle,
Dites-le-lui, mes sœurs, il m'en aimera mieux.
Mon Dieu, je voudrais l'être, afin qu'il fût heureux.
Ne me comparez pas à la jeune immortelle :
Hélas! de ta beauté je n'ai que la pâleur,
O Diane! et mon front la doit à ma douleur.
Ah! comme j'ai pleuré! comme tout sur la terre
Pleurait autour de moi, quand mon Charle avait fui!
Comme je m'asseyais à côté de ma mère
Le cœur gros de soupirs! — Mes sœurs, dites-le-lui.

SCÈNE II

LES MONTAGNARDS.

Ainsi Frank n'est pas mort : — c'est la fable éternelle
Des chasseurs à l'affût d'une fausse nouvelle,

Et ceux qui vendaient l'ours ne l'avaient pas tué.
Comme il leur a fait peur, quand il s'est réveillé!
Mais aujourd'hui qu'il parle, il faut bien qu'on se taise.
 On avait fait jadis, quand l'Hercule Farnèse
Fut jeté dans le Tibre, un Hercule nouveau.
On le trouvait pareil, on le disait plus beau :
Le modèle était mort, et le peuple crédule
Ne sait que ce qu'il voit. — Pourtant le vieil Hercule
Sortit un jour des eaux ; — l'athlète colossal
Fut élevé dans l'air à côté de son ombre,
Et le marbre insensé tomba du piédestal.
Frank renaît : — ce n'est plus cet homme au regard sombre,
Au front blême, au cœur dur, et dont l'oisiveté
Laissait sur ses talons traîner sa pauvreté.
C'est un gai compagnon, un brave homme de guerre,
Qui frappe sur l'épaule aux honnêtes fermiers ;
Aussi, Dieu soit loué, ses torts sont oubliés,
Et nous voilà tous prêts à boire dans son verre.
C'est aujourd'hui sa noce avec Déidamia.
Quel bon cœur de quinze ans! et quelle ménagère!
S'il fut jamais aimé, c'est bien de celle-là.
Un soldat m'a conté l'histoire de la bière.
Il paraît que d'abord Frank s'était mis dedans.
Deux de ses serviteurs, ses deux seuls confidents,
Fermèrent le couvercle, et dès la nuit venue,
Le prêtre et les flambeaux traversèrent la rue.
Après que sur leur dos les porteurs l'eurent pris :
« Vous laisserez, dit-il, un trou pour que l'air passe.

Puisque je dois un jour voir la mort face à face,
Nous ferons connaissance et serons vieux amis. »
Il se fit emporter dans une sacristie ;
Regardant par son trou le ciel de la patrie,
Il s'en fut au saint lieu dont les chiens sont chassés,
Sifflant dans son cercueil l'hymne des trépassés.
Le lendemain matin, il voulut prendre un masque,
Pour assister lui-même à son enterrement.
Eh ! quel homme ici-bas n'a son déguisement ?
Le froc du pèlerin, la visière du casque,
Sont autant de cachots pour voir sans être vu.
Et n'en est-ce pas un souvent que la vertu !
Vrai masque de bouffon, que l'humble hypocrisie
Promène sur le vain théâtre de la vie,
Mais qui, mal fixé, tremble, et que la passion
Peut faire à chaque instant tomber dans l'action.

Exeunt.

SCÈNE III

Une petite chambre.

FRANK, DÉIDAMIA.

FRANK.

Et tu m'as attendu, ma petite Mamette !
Tu comptais jour par jour dans ton cœur et ta tête.
Tu restais là, debout, sur ton seuil entr'ouvert.

DÉIDAMIA.

Mon ami, mon ami, Mamette a bien souffert!

FRANK.

Les heures s'envolaient, — et l'aurore et la brune
Te retrouvaient toujours sur ce chemin perdu.
Ton Charle était bien loin.— Toi, comme la fortune,
Tu restais à sa porte, — et tu m'as attendu!

DÉIDAMIA.

Comme vous voilà pâle et la voix altérée!
Mon Dieu, qu'avez-vous fait si loin et si longtemps?
Ma mère, savez-vous, était désespérée.
Mais vous pensiez à nous quand vous aviez le temps?

FRANK.

J'ai connu dans ma vie un pauvre misérable
Que l'on appelait Frank, — un être insociable,
Qui de tous ses voisins était l'aversion.
La famine et la peur, sœurs de l'oppression,
Vivaient dans ses yeux creux; — la maigreur dévorante
L'avait horriblement décharné jusqu'aux os.
Le mépris le courbait, et la honte souffrante
Qui suit le pauvre était attachée à son dos.
L'univers et ses lois le remplissaient de haine.
Toujours triste, toujours marchant de ce pas lent
Dont un vieux pâtre suit son troupeau nonchalant,
Il errait dans les bois, par les monts et la plaine,
Et braconnant partout, et partout rejeté,
Il allait gémissant sur la fatalité;

Le col toujours courbé comme sous une hache :
On eût dit un larron qui rôde et qui se cache,
Si ce n'est pis encore, — un mendiant honteux
Qui n'ose faire un coup, crainte d'être victime,
Et, pour toute vertu, garde la peur du crime,
Ce chétif et dernier lien des malheureux.
Oui, ma chère Mamette, oui, j'ai connu cet être.

DÉIDAMIA.

Qui donc est là, debout, derrière la fenêtre,
Avec ces deux grands yeux, et cet air étonné ?

FRANK.

Où donc ? Je ne vois rien.

DÉIDAMIA.

     Si. — Quelqu'un nous écoute,
Qui vient de s'en aller quand tu t'es retourné.

FRANK.

C'est quelque mendiant qui passe sur la route.
Allons, Déidamia, cela t'a fait pâlir.

DÉIDAMIA.

Eh bien ! et ton histoire, où veut-elle en venir ?

FRANK.

Une autre fois, — c'était au milieu des orgies ;
Je vis dans un miroir, aux clartés des bougies,
Un joueur pris de vin, couché sur un sofa.
Une femme, ou du moins la forme d'une femme,
Le tenait embrassé, comme je te tiens là.

Il se tordait en vain sous le spectre sans âme ;
Il semblait qu'un noyé l'eût pris entre ses bras.
Cet homme infortuné... Tu ne m'écoutes pas ?
Voyons, viens m'embrasser.

DÉIDAMIA.

Oh ! non, je vous en prie.

Il l'embrasse de force.

Frank, mon cher petit Charle, attends qu'on nous marie ;
Attends jusqu'à ce soir. — Ma mère va venir.
Je ne veux pas, monsieur. — Ah ! tu me fais mourir !

FRANK.

Lumière du soleil, quelle admirable fille !

DÉIDAMIA.

Il faudra, mon ami, nous faire une famille ;
Nous aurons nos voisins, ton père, tes parents,
Et ma mère surtout. — Nous aurons nos enfants.
Toi, tu travailleras à notre métairie ;
Moi, j'aurai soin du reste et de la laiterie ;
Et tant que nous vivrons, nous serons tous les deux,
Tous les deux pour toujours, et nous mourrons bien vieux.
Vous riez ? pourquoi donc ?

FRANK.

Oui, je ris du tonnerre.
Oui, le diable m'emporte ! il peut tomber sur moi.

DÉIDAMIA.

Qu'est-ce que c'est, monsieur ? voulez-vous bien vous taire !

FRANK.

Va toujours, mon enfant, je ne ris pas de toi.

DÉIDAMIA.

Qui donc est encor là ? Je te dis qu'on nous guette.
Tu ne vois pas là-bas remuer une tête ?
Là, — dans l'ombre du mur ?

FRANK.

Où donc ? de quel côté ?
Vous avez des terreurs, ma chère, en vérité.

Il la prend dans ses bras.

Il me serait cruel de penser qu'une femme,
O Mamette, moins belle et moins pure que toi,
Dans des lieux étrangers, par un autre que moi,
Pût être autant aimée. — Ah ! j'ai senti mon âme
Qui redevenait vierge à ton doux souvenir,
Comme l'onde où tu viens mirer ton beau visage
Se fait vierge, ma chère, et dans ta chaste image
Sous son cristal profond semble se recueillir !
C'est bien toi ! je te tiens, — toujours fraîche et jolie,
Toujours comme un oiseau, prête à tout oublier.
Voilà ton petit lit, ton rouet, ton métier,
Œuvre de patience et de mélancolie.
O toi, qui tant de fois as reçu dans ton sein
Mes chagrins et mes pleurs, et qui m'as en échange
Rendu le doux repos d'un front toujours serein,
Comment as-tu donc fait, dis-moi, mon petit ange,
Pour n'avoir rien gardé de mes maux, quand mon cœur

A tant et si souvent gardé de ton bonheur ?

DÉIDAMIA.

Ah ! vous savez toujours, vous autres hypocrites,
De beaux discours flatteurs bien souvent répétés.
Je les aime, mon Dieu ! quand c'est vous qui les dites ;
Mais ce n'est pas pour moi qu'ils étaient inventés.

FRANK.

Dis-moi, tu ne veux pas venir en Italie ?
En Espagne ? à Paris ? nous mènerions grand train.
Avec si peu de frais, tu serais si jolie !

DÉIDAMIA.

Est-ce que vous trouvez ce bonnet-là vilain ?
Vous verrez tout à l'heure, avec ma robe blanche,
Mes bas à coins brodés, mon bonnet du dimanche,
Et mon tablier vert. — Vous riez, vous riez ?

FRANK.

Dans une heure d'ici nous serons mariés.
Ce baiser que tu fuis et que je te dérobe,
Tu me le cèderas, Mamette, de bon cœur.
Dans une heure, ô mon Dieu ! tu viendras me le rendre.
Mamette, je me meurs.

DÉIDAMIA.

     Ah ! moi, je sais attendre !
Voyons, laissez-moi donc être un peu votre sœur.
Une heure, une heure encore, et je serai ta femme.
Oui, je vais te le rendre, et de toute mon âme,

Ton baiser dévorant, mon Frank, ton beau baiser !
Et ton tonnerre alors pourra nous écraser.

FRANK.

Oh ! que cette heure est longue ! oh ! que vous êtes belle !
De quelle volupté déchirante et cruelle
Vous me noyez le cœur, froide Déidamia !

DÉIDAMIA.

Regardez, regardez, la tête est toujours là.
Qui donc nous guette ainsi ?

FRANK.

     Mamette, ô mon amante,
Ne me détourne pas cette lèvre charmante.
Non ! quand l'éternité devrait m'ensevelir !

DÉIDAMIA.

Mon ami, mon amant, respectez votre femme.

FRANK.

Non ! non ! quand ton baiser devrait brûler mon âme !
Non ! quand ton Dieu jaloux devrait nous en punir !

DÉIDAMIA.

Eh bien ! oui, ta maîtresse, — eh bien ! oui, ton amante,
Ta Mamette ; ton bien, ta femme et ta servante.
Et la mort peut venir, et je t'aime, et je veux
T'avoir là dans mes bras et dans mes longs cheveux ;
Sur ma robe de lin ton haleine embaumée.
Je sais que je suis belle, et plusieurs m'ont aimée ;
Mais je t'appartenais, j'ai gardé ton trésor.

  Elle tombe dans ses bras.

FRANK, se levant brusquement.

Quelqu'un est là, c'est vrai.

DÉIDAMIA.

Qu'importe? Charle, Charle!

FRANK.

Ah! massacre et tison d'enfer! — C'est Belcolor!
Restez ici, Mamette, il faut que je lui parle.

Il saute par la fenêtre.

DÉIDAMIA.

Mon Dieu! que va-t-il faire, et qu'est-il arrivé?
Le voilà qui revient. — Eh bien! l'as-tu trouvé?

FRANK, à la fenêtre, en dehors.

Non, mais, par le tonnerre, il faudra qu'il y vienne.
Je crois que c'est un spectre, et vous aviez raison.
Attendez-moi. — Je fais le tour de la maison.

DÉIDAMIA, courant à la fenêtre.

Charles, ne t'en va pas! S'il s'enfuit dans la plaine,
Laisse-le s'envoler, ce spectre de malheur.

Belcolore paraît de l'autre côté de la fenêtre et s'enfuit aussitôt.

Au secours! au secours! on m'a frappée au cœur.

Déidamia tombe et sort en se traînant.

LES MONTAGNARDS, accourant au dehors.

Frank! que se passe-t-il? On nous appelle, on crie.
Qui donc est là par terre étendu dans son sang?
Juste Dieu! c'est Mamette! Ah! son âme est partie.
Un stylet italien est entré dans son flanc.
Au meurtre! Frank, au meurtre!

FRANK, rentrant dans la cabane, avec Déidamia morte dans ses bras.

> O toi, ma bien-aimée !
> Sur mon premier baiser ton âme s'est fermée.
> Pendant plus de quinze ans tu l'avais attendu,
> Mamette, et tu t'en vas sans me l'avoir rendu.

Juillet et août 1832.

A QUOI RÊVENT
LES JEUNES FILLES
COMÉDIE

PERSONNAGES.

LE DUC LAËRTE.
LE COMTE IRUS, son neveu.
SILVIO.
NINON,
NINETTE, } jumelles, filles du duc Laërte.
FLORA, servante.
SPADILLE,
QUINOLA, } domestiques.

La scène est où l'on voudra.

ACTE PREMIER

SCÈNE PREMIÈRE

Une chambre à coucher.

NINON, NINETTE.

NINETTE.

Onze heures vont sonner. — Bonsoir, ma chère sœur.
Je m'en vais me coucher.

NINON.

Bonsoir. Tu n'as pas peur

De traverser le parc pour aller à ta chambre ?
Il est si tard ! — Veux-tu que j'appelle Flora ?

NINETTE.

Pas du tout. — Mais vois donc quel beau ciel de septembre !
D'ailleurs, j'ai Bacchanal qui m'accompagnera.
Bacchanal ! Bacchanal !

Elle sort en appelant son chien.

NINON, s'agenouillant à son prie-Dieu.

O Christe ! dum fixus cruci
Expandis orbi brachia,
Amare da crucem, tuo
Da nos in amplexu mori.

Elle se déshabille.

NINETTE, rentrant épouvantée, et se jetant dans un fauteuil.

Ma chère, je suis morte.

NINON.

Qu'as-tu ? qu'arrive-t-il ?

NINETTE.

Je ne peux plus parler.

NINON.

Pourquoi ? mon Dieu ! je tremble en te voyant trembler.

NINETTE.

Je n'étais pas, ma chère, à trois pas de ta porte ;
Un homme vient à moi, m'enlève dans ses bras,
M'embrasse tant qu'il peut, me repose par terre,
Et se sauve en courant.

NINON.

      Ah! mon Dieu! comment faire?
C'est peut-être un voleur.

NINETTE.

      Oh! non, je ne crois pas.
Il avait sur l'épaule une chaîne superbe,
Un manteau d'Espagnol, doublé de velours noir,
Et de grands éperons, qui reluisaient dans l'herbe.

NINON.

C'est pourtant une chose étrange à concevoir,
Qu'un homme comme il faut tente une horreur semblable.
Un homme en manteau noir, c'est peut-être le diable..
Oui, ma chère. Qui sait? Peut-être un revenant.

NINETTE.

Je ne crois pas, ma chère : il avait des moustaches.

NINON.

J'y pense, dis-moi donc, si c'était un amant!

NINETTE.

S'il allait revenir ! — Il faut que tu me caches.

NINON.

C'est peut-être papa qui veut te faire peur.
Dans tous les cas, Ninette, il faut qu'on te ramène.
Holà! Flora, Flora ! reconduisez ma sœur.

  Flora paraît sur la porte.

Adieu, va, ferme bien ta porte.

NINETTE.

      Et toi la tienne.

  Elles s'embrassent. Ninette sort avec Flora.

NINON, *seule, mettant son verrou.*

Des éperons d'argent, un manteau de velours!
Une chaîne! un baiser! — C'est extraordinaire.
Elle se décoiffe.

Je suis mal en bandeaux; mes cheveux sont trop courts.
Bah! j'avais deviné. — C'est sans doute mon père.
Ninette est si poltronne! — Il l'aura vu passer.
C'est tout simple, sa fille, il peut bien l'embrasser.
Mes bracelets vont bien.
Elle les détache.

Ah! demain, quand j'y pense,
Ce jeune homme étranger qui va venir dîner!
C'est un mari, je crois, que l'on veut nous donner.
Quelle drôle de chose! ah! j'en ai peur d'avance.
Quelle robe mettrai-je?
Elle se couche.

Une robe d'été?
Non, d'hiver; cela donne un air plus convenable.
Non, d'été; c'est plus jeune et c'est moins apprêté.
On le mettra sans doute entre nous deux à table.
Ma sœur lui plaira mieux; — bah! nous verrons toujours.
— Des éperons d'argent! — un manteau de velours!
Mon Dieu! comme il fait chaud pour une nuit d'automne.
Il faut dormir, pourtant. — N'entends-je pas du bruit?
C'est Flora qui revient; — non, non, ce n'est personne.
Tra la, tra deri da. — Qu'on est bien dans son lit!
Ma tante était bien laide avec ses vieux panaches,
Hier soir à souper. — Comme mon bras est blanc!

Tra deri da. — Mes yeux se ferment. — Des moustaches...
Il la prend, il l'embrasse, et se sauve en courant.

Elle s'assoupit. — On entend par la fenêtre le bruit d'une guitare et une voix.

— Ninon, Ninon, que fais-tu de la vie?
L'heure s'enfuit, le jour succède au jour.
  Rose ce soir, demain flétrie,
Comment vis-tu, toi qui n'as pas d'amour?

NINON, s'éveillant.

Est-ce un rêve? J'ai cru qu'on chantait dans la cour.

LA VOIX, en dehors.

  Regarde-toi, la jeune fille.
  Ton cœur bat et ton œil pétille.
Aujourd'hui le printemps, Ninon, demain l'hiver.
Quoi! tu n'as pas d'étoile et tu vas sur la mer!
Au combat sans musique, en voyage sans livre!
Quoi! tu n'as pas d'amour et tu parles de vivre!
Moi, pour un peu d'amour je donnerais mes jours;
Et je les donnerais pour rien sans les amours.

NINON.

Je ne me trompe pas; — singulière romance!
Comment ce chanteur-là peut-il savoir mon nom?
Peut-être sa beauté s'appelle aussi Ninon.

LA VOIX.

Qu'importe que le jour finisse et recommence,
  Quand d'une autre existence
  Le cœur est animé?
Ouvrez-vous, jeunes fleurs. Si la mort vous enlève,

La vie est un sommeil, l'amour en est le rêve,
Et vous aurez vécu, si vous avez aimé.

   NINON, soulevant sa jalousie.

Ses éperons d'argent brillent dans la rosée ;
Une chaîne à glands d'or retient son manteau noir ;
Il relève en marchant sa moustache frisée. —
Quel est ce personnage et comment le savoir ?

SCÈNE II

IRUS, à sa toilette ; SPADILLE, QUINOLA.

   IRUS.

Lequel de vous, marauds, m'a posé m'a perruque ?
Outre que les rubans me font mal à la nuque,
Je suis couvert de poudre, et j'en ai plein les yeux.

   QUINOLA.

Ce n'est pas moi.

   SPADILLE.

  Ni moi.

   QUINOLA.

    Moi, je tenais la queue.

   SPADILLE.

Moi, monsieur, je peignais.

   IRUS.

    Vous mentez tous les deux.
Allons, mon habit rose et ma culotte bleue.

Hum! Brum! Diable de poudre! — Hatsch! Je suis aveuglé.
Il éternue.

QUINOLA, ouvrant une armoire.

Monsieur, vous ne sauriez mettre cette culotte.
La lampe était auprès; — toute l'huile a coulé.

SPADILLE, ouvrant une autre armoire.

Monsieur, votre habit rose est tout rempli de crotte;
Quand je l'ai déployé le chat était dessus.

IRUS.

Ciel! de cette façon voir tous mes plans déçus!
Écoutez, mes amis; — il me vient une idée :
Quelle heure est-il?

SPADILLE.

Monsieur, l'horloge est arrêtée.

IRUS.

A-t-on sonné déjà deux coups pour le dîné?

QUINOLA.

Non, l'on n'a pas sonné.

SPADILLE.

Si, si, l'on a sonné.

IRUS.

Je tremble à chaque instant que le nouveau convive
Qui doit venir dîner ne paraisse et n'arrive.

SPADILLE.

Il faut vous mettre en vert.

QUINOLA.

Il faut vous mettre en gris.

IRUS.

Dans quel mois sommes-nous?

SPADILLE.

Nous sommes en novembre.

QUINOLA.

En août! en août!

IRUS.

Mettez ces deux habits.
Vous vous promènerez ensuite par la chambre,
Pour que je voie un peu l'effet que je ferai.
Les valets obéissent.

SPADILLE.

Moi, j'ai l'air d'un marquis.

QUINOLA.

Moi, j'ai l'air d'un ministre.

IRUS, les regardant.

Spadille a l'air d'une oie, et Quinola d'un cuistre.
Je ne sais pas à quoi je me déciderai.

LAERTE, entrant.

Et vous, vous avez l'air, mon neveu, d'une bête.
N'êtes-vous pas honteux de vous poudrer la tête,
Et de perdre, à courir dans votre cabinet,
Plus de temps qu'il n'en faut pour écrire un sonnet?
Allons, venez dîner; — votre assiette s'ennuie.

IRUS.

Vous ne voudriez pas, au prix de votre vie,
Me traîner au salon, sans rouge et demi-nu?
Quel habit faut-il mettre?

LAERTE.

     Eh! le premier venu.
Allons, écoutez-moi. Vous trouverez à table
Le nouvel arrivé ; — c'est un jeune homme aimable,
Qui vient pour épouser un de mes chers enfants.
Jetez, au nom de Dieu, vos regards triomphants
Sur un autre que lui ; ne cherchez pas à plaire,
Et n'avalez pas tout comme à votre ordinaire.
Il est simple et timide, et de bonne façon ;
Enfin c'est ce qu'on nomme un honnête garçon.
Tâchez, si vous trouvez ses manières communes,
De ne point décocher, en prenant du tabac,
Votre charmant sourire et vos mots d'almanach.
Tarissez, s'il se peut, sur vos bonnes fortunes.
Ne vous inondez pas de vos flacons damnés ;
Qu'on puisse vous parler sans se boucher le nez.
Vos gants blancs sont de trop ; on dîne les mains nues.

IRUS.

Je suis presque tenté, pour cadrer à vos vues,
D'ôter mon habit vert et de me mettre en noir.

LAERTE.

Non, de par tous les saints, non, je vous remercie.
La peste soit de vous ! — Qui diantre se soucie,
Si votre habit est vert, de s'en apercevoir ?

IRUS.

Puis-je savoir, du moins, le nom de ce jeune homme ?

LAERTE.

Qu'est-ce que ça vous fait ? C'est Silvio qu'il se nomme.

IRUS.

Silvio ! ce n'est pas mal. — Silvio ! — le nom est bien.
Irus, — Irus, — Silvio ; — mais j'aime mieux le mien.

LAERTE.

Son père est mon ami, — celui de votre mère.
Nous avons le projet, depuis plus de vingt ans,
De mourir en famille, et d'unir nos enfants.
Plût au ciel, pour tous deux, que son fils eût un frère !

IRUS.

Vrai Dieu ! monsieur le duc, qu'entendez-vous par là ?
Ne dois-je pas aussi devenir votre gendre ?

LAERTE.

C'est bon, je le sais bien ; vous pouvez vous attendre
A trouver votre tour ; — mais Silvio choisira.

Exeunt.

SCÈNE III

Le jardin du duc.

NINON, NINETTE, dans deux bosquets séparés.

NINON.

Cette voix retentit encore à mon oreille.

NINETTE.

Ce baiser singulier me fait encor frémir.

NINON.

Nous verrons cette nuit ; il faudra que je veille.

NINETTE.

Cette nuit, cette nuit, je ne veux pas dormir.

NINON.

Toi dont la voix est douce, et douce la parole,
Chanteur mystérieux, reviendras-tu me voir?
Ou, comme en soupirant l'hirondelle s'envole,
Mon bonheur fuira-t-il, n'ayant duré qu'un soir?

NINETTE.

Audacieux fantôme à la forme voilée,
Les ombrages ce soir seront-ils sans danger?
Te reverrai-je encor dans cette sombre allée,
Ou disparaîtras-tu comme un chamois léger?

NINON.

L'eau, la terre et les vents, tout s'emplit d'harmonies.
Un jeune rossignol chante au fond de mon cœur.
J'entends sous les roseaux murmurer des génies...
Ai-je de nouveaux sens inconnus à ma sœur?

NINETTE.

Pourquoi ne puis-je voir sans plaisir et sans peine
Les baisers du zéphyr trembler sur la fontaine,
Et l'ombre des tilleuls passer sur mes bras nus?
Ma sœur est une enfant, — et je ne le suis plus.

NINON.

O fleurs des nuits d'été, magnifique nature!
O plantes! ô rameaux, l'un dans l'autre enlacés!

NINETTE.

O feuilles des palmiers, reines de la verdure,
Qui versez vos amours dans les vents embrasés!

SILVIO, entrant.

Mon cœur hésite encor; — toutes les deux si belles!
Si conformes en tout, si saintement jumelles!
Deux corps si transparents attachés par le cœur!
On dirait que l'aînée est l'étui de sa sœur.
Pâles toutes les deux, toutes les deux craintives,
Frêles comme un roseau, blondes comme les blés;
Prêtes à tressaillir, comme deux sensitives,
Au toucher de la main. — Tous mes sens sont troublés.
Je n'ai pu leur parler, — j'agissais dans la fièvre;
Mon âme à chaque mot arrivait sur ma lèvre.
Mais elles, quel bon goût! quelle simplicité!
Hélas! je sors d'hier de l'université.

Entrent Laërte et Irus un cigare à la bouche.

LAERTE.

Eh bien! notre convive, où ces dames sont-elles?

IRUS.

Quoi! vous sortez de table, et vous ne fumez pas?

SILVIO, embrassant Laërte.

O mon père! ô mon duc! Je ne puis faire un pas.
Tout mon être est brisé.

Ninon et Ninette paraissent.

IRUS.

            Voilà ces demoiselles.
Ninon, ma barbe est fraîche, et je vais t'embrasser.

Ninon se sauve. — Irus court après elle.

LAERTE.

Ne sauriez-vous, Irus, dîner sans vous griser?

Ils sortent en se promenant.

SCÈNE IV

NINETTE, restée seule ; FLORA.

NINETTE.

Où cours-tu donc, Flora? Mon Dieu! la belle chaîne!
Voyez donc! — les beaux glands! Qui t'a donné cela?

NINON, accourant.

Voyons! laisse-moi voir. — Ah! je suis hors d'haleine.
Quel sot que cet Irus! — Tu l'as trouvé, Flora?
Le beau collier, ma foi! Vraiment, comme elle est fière!

FLORA, à Ninon.

Je voudrais vous parler.
Elle l'entraîne dans un coin.

NINETTE.

    Quoi donc? c'est un mystère?

FLORA, à Ninon.

Rentrez dans votre chambre, et lisez ce billet.

NINON.

Un billet? d'où vient il?

FLORA.

    Mettez-le, s'il vous plaît,
Dans ce petit coin-là, sur votre cœur, ma belle.
Elle le lui met dans son sein.

NINON.

Tu sais donc ce que c'est?

FLORA.

Moi, non, je n'en sais rien.

Ninon sort en courant.

NINETTE.

Qu'as-tu dit à ma sœur, et pourquoi s'en va-t-elle?

FLORA, tirant un autre billet.

Tenez, lisez ceci.

NINETTE.

Pourquoi? Je le veux bien.
Mais qu'est-ce que c'est donc?

FLORA.

Lisez toujours, ma chère.
Mais prenez garde à vous. — J'aperçois votre père;
Allez vous enfermer dans votre appartement.

NINETTE.

Pourquoi?

FLORA.

Vous lirez mieux et plus commodément.

Elles sortent. — Entrent Laërte et Silvio.

SILVIO.

Je crois que notre abord met ces dames en fuite.
Ah! monseigneur, j'ai peur de leur avoir déplu.

LAERTE.

Bon, bon, laissez les fuir; vous leur plairez bien vite.
Dites-moi, mon ami, dans votre temps perdu,
N'avez-vous jamais fait la cour à quelques belles?
Quel moyen preniez-vous pour dompter les cruelles?

SILVIO.

Père, ne raillez pas, je me défendrais mal.
Bien que je sois sorti d'un sang méridional,
Jamais les imbroglios ni les galanteries,
Ni l'art mystérieux des douces flatteries,
Ce bel art d'être aimé, ne m'ont appartenu.
Je vivrai sous le ciel comme j'y suis venu.
Un serrement de main, un regard de clémence,
Une larme, un soupir, voilà pour moi l'amour;
Et j'aimerai dix ans comme le premier jour.
J'ai de la passion, et n'ai point d'éloquence.
Mes rivaux, sous mes yeux, sauront plaire et charmer.
Je resterai muet; — moi, je ne sais qu'aimer.

LAERTE.

Les femmes cependant demandent autre chose.
Bien plus, sans les aimer, du moment que l'on ose,
On leur plaît. La faiblesse est si chère à leur cœur
Qu'il leur faut un combat pour avoir un vainqueur.
Croyez-moi, j'ai connu ces êtres variables.
Il n'existe, dit-on, ni deux feuilles semblables,
Ni deux cœurs faits de même, et moi, je vous promets
Qu'en en séduisant une, on séduit tout un monde.
L'une aura les pieds plats, l'autre la jambe ronde,
Mais la communauté ne changera jamais.
Avez-vous jamais vu les courses d'Angleterre?
On prend quatre coureurs, — quatre chevaux sellés;
On leur montre un clocher, puis on leur dit : Allez!
Il s'agit d'arriver, n'importe la manière.

L'un choisit un ravin, — l'autre un chemin battu.
Celui-ci gagnera, s'il ne rencontre un fleuve;
Celui-là fera mieux, s'il n'a le cou rompu.
Tel est l'amour, Silvio; — l'amour est une épreuve;
Il faut aller au but, — la femme est le clocher;
Prenez garde au torrent, prenez garde au rocher;
Faites ce qu'il vous plaît, le but est immobile.
Mais croyez que c'est prendre une peine inutile
Que de rester en place et de crier bien fort :
Clocher! clocher! je t'aime, arrive ou je suis mort!

SILVIO.

Je sens la vérité de vôtre parabole,
Mais si je ne puis rien trouver même en parole,
Que pourrai-je valoir, seigneur, en action?
Tout le réel pour moi n'est qu'une fiction;
Je suis dans un salon comme une mandoline
Oubliée en passant sur le bord d'un coussin.
Elle renferme en elle une langue divine;
Mais, si son maître dort, tout reste dans son sein.

LAERTE.

Écoutez donc alors ce qu'il vous faudra faire.
Recevoir un mari de la main de son père,
Pour une jeune fille est un pauvre régal.
C'est un serpent doré qu'un anneau conjugal.
C'est dans les nuits d'été, sur une mince échelle,
Une épée à la main, un manteau sur les yeux,
Qu'une enfant de quinze ans rêve ses amoureux.
Avant de se montrer, il faut leur apparaître.

Le père ouvre la porte au matériel époux,
Mais toujours l'idéal entre par la fenêtre.
Voilà, mon cher Silvio, ce que j'attends de vous.
Connaissez-vous l'escrime?

SILVIO.

Oui, je tire l'épée.

LAERTE.

Et pour le pistolet, vous tuez la poupée,
N'est-ce pas? C'est très bien; vous tuerez mes valets.
Mes filles tout à l'heure ont reçu deux billets;
Ne cherchez pas, c'est moi qui les ai fait remettre.
Ah! si vous compreniez ce que c'est qu'une lettre!
Une lettre d'amour lorsque l'on a quinze ans!
Quelle charmante place elle occupe longtemps!
D'abord auprès du cœur, ensuite à la ceinture.
La poche vient après, le tiroir vient enfin.
Mais comme on la promène, en traîneaux, en voiture!
Comme on la mène au bal! que de fois en chemin
Dans le fond de la poche on la presse, on la serre!
Et comme on rit tout bas du bonhomme de père
Qui ne voit jamais rien, de temps immémorial!
Quel travail il se fait dans ces petites têtes!
Voulez-vous, mon ami, savoir ce que vous êtes,
Vous, à l'heure qu'il est? — Vous êtes l'idéal,
Le prince Galaor, le berger d'Arcadie;
Vous êtes un Lara; — j'ai signé votre nom.
Le vieux duc vous prenait pour son gendre, — mais non,
Non! Vous tombez du ciel comme une tragédie;

Vous rossez mes valets; vous forcez mes verrous;
Vous caressez le chien ; vous séduisez la fille;
Vous faites le malheur de toute la famille.
Voilà ce que l'on veut trouver dans un époux.

SILVIO.

Quelle mélancolique et déchirante idée!
Elle est juste pourtant; — qu'elle me fait de mal!

LAERTE.

Ah! jeune homme, avez-vous aussi votre idéal?

SILVIO.

Pourquoi pas comme tous? Leur étoile est guidée
Vers un astre inconnu qu'ils ont toujours rêvé;
Et la plupart de nous meurt sans l'avoir trouvé.

LAERTE.

Attachez-vous du prix à des enfantillages?
Cela n'empêche pas les femmes d'être sages,
Bonnes, franches de cœur; c'est un goût seülement;
Cela leur va, leur plaît; — tout cela, c'est charmant.
Écoutez-moi, Silvio : — ce soir, à la veillée,
Vous vous cuirasserez d'un large manteau noir.
Flora dormira bien, c'est moi qui l'ai payée.
Ces dames, pour leur part, descendront en peignoir.
Or vous vous doutez bien, par cette double lettre,
Que ce que vous vouliez, c'était un rendez-vous.
Car, exepté cela, que veut un billet doux?
Vous pénétrerez donc par la chère fenêtre.
On vous introduira comme un conspirateur.

Que ferez-vous alors, vous, double séducteur?
Vous entendrez des cris. — C'est alors que le père,
Semblable au Commandeur dans le *Festin de Pierre*,
Dans sa robe de chambre apparaîtra soudain.
Il vous provoquera, sa chandelle à la main.
Vous la lui soufflerez du vent de votre épée.
S'il ne reste par terre une tête coupée,
Il y pourra du moins rester un grand seau d'eau
Que Flora lestement nous versera d'en haut.
Ce sera tout le sang que nous devrons répandre.
Les valets aussitôt le couvriront de cendre;
On ne saura jamais où vous serez passé,
Et mes filles crieront : « O ciel! il est blessé! »

SILVIO.

Je n'achèverai pas cette plaisanterie.
Calculez, mon cher duc, où cela mènera.
Savez-vous, puisqu'il faut enfin qu'on nous marie,
Si je me fais aimer, laquelle m'aimera?

LAERTE.

Peut-être toutes deux, n'est-il pas vrai, mon gendre?
Si je le trouve bon, qu'avez-vous à reprendre?
O mon fils bien-aimé! laissons parler les sots.

SILVIO.

On a bouleversé la terre avec des mots.

LAERTE.

Eh! que m'importe à moi? — Je n'ai que vous au monde
Après mes deux enfants. Que me fait un brocard?

Vous êtes assez mûr sous votre tête blonde
Pour porter du respect à l'honneur d'un vieillard.

SILVIO.

Ah! je mourrais plutôt. Ce n'est pas ma pensée.

LAERTE.

Supposons que des deux vous vous fassiez aimer.
Celle qui restera voudra vous pardonner.
Votre image, Silvio, sera bientôt chassée
Par un rêve nouveau, par le premier venu.
Croyez-moi, les enfants n'aiment que l'inconnu.
Dès que vous deviendrez le bourgeois respectable
Qui viendra tous les jours s'asseoir à déjeuner,
Qu'on verra se lever, aller et retourner,
Mettre après le café ses coudes sur la table,
On ne cherchera plus l'être mystérieux.
On aimera le frère, et c'est ce que je veux.
Si mon sot de neveu parle de mariage,
On l'en détestera quatre fois davantage.
C'est encor mon souhait. Mes enfants ont du cœur;
L'une soit votre femme, et l'autre votre sœur.
Je me confie à vous, — à vous, fils de mon frère,
Qui serez le mari d'une de mes enfants,
Qui ne souillerez pas la maison de leur père,
Et qui ne jouerez pas avec ses cheveux blancs.
Qui sait? peut-être un jour ma pauvre délaissée
Trouvera quelque part le mari qu'il lui faut.
Mais l'importante affaire est d'éviter ce sot.

Irus entre.

IRUS.

A souper! à souper! messieurs, l'heure est passée.

LAERTE.

Vous avez, Dieu me damne, encor changé d'habit.

IRUS.

Oui, celui-là va mieux; l'autre était trop petit.

Exeunt.

ACTE DEUXIÈME

SCÈNE PREMIÈRE

Le jardin. Il est nuit.

LE DUC LAERTE, en robe de chambre ; SILVIO, enveloppé d'un manteau.

LAERTE.

Lorsque cette lueur, que vous voyez là-bas,
Après avoir erré de fenêtre en fenêtre,
Tournera vers ce coin pour ne plus reparaître,
Il sera temps d'agir. — Elle y marche à grands pas.

SILVIO.

Je vous l'ai dit, seigneur, cela ne me plaît pas.

LAERTE.

Eh bien ! moi, tout cela m'amuse à la folie.
Je ne fais pas la guerre à la mélancolie ;
Après l'oisiveté, c'est le meilleur des maux.
En général, d'ailleurs, c'est ma pierre de touche ;
Elle ne pousse pas, cette plante farouche,
Sur la majestueuse obésité des sots.
Mais la gaîté, Silvio, sied mieux à la vieillesse ;

Nous voulons la beauté pour aimer la tristesse.
Il faut bien mettre un peu de rouge à soixante ans ;
C'est le métier des vieux de dérider le temps.
On fait de la vieillesse une chose honteuse ;
C'est tout simple : ici-bas, chez les trois quarts des gens,
Quand elle n'est pas prude, elle est entremetteuse.
Cassandre est la terreur des vieillards indulgents.
Croyez-vous cependant, mon cher, que la nature
Laisse ainsi par oubli vivre sa créature ?
Qu'elle nous ait donné trente ans pour exister,
Et le reste pour geindre ou bien pour tricoter ?
Figurez-vous, Silvio, que j'ai, la nuit dernière,
Chanté fort joliment pendant une heure entière.
C'était pour intriguer mes filles ; mais, ma foi,
Je crois, en vérité, que j'ai chanté pour moi.

SILVIO.

Aussi, dans tout cela, cher duc, c'est vous que j'aime.
Il faudra pourtant bien redevenir moi-même.
Songez donc, mon ami, qu'il ne restera rien
Du héros de roman.

LAERTE.

Mon Dieu ! je le sais bien.
Un roman dans un lit, on n'en saurait que faire.
On réalise là tous ceux qu'on a rêvés.
Après la bagatelle il faut le nécessaire ;
Et j'espère pour vous, mon cher, que vous l'avez.
Très ordinairement, dans ces sortes de choses,
Ceux qui parlent beaucoup savent prouver très peu.

C'est ce qui montre en tout la sagesse de Dieu.
Tous ces galants musqués, fleuris comme des roses,
Qu'on voit soir et matin courir les rendez-vous,
S'assouplir comme un gant autour des jeunes filles,
Escalader les murs, et danser sur les grilles,
Savent au bout du doigt ce qui vous manque, à vous.
Vous avez dans le cœur, Silvio, ce qui leur manque.
Je me moque d'avoir pour gendre un saltimbanque,
Capable de passer par le trou d'une clef.
Si vous étiez comme eux, j'en serais désolé.
Mais la méthode existe : — il faut songer à plaire.
Une fois marié, parbleu ! c'est votre affaire.
Permettez-moi, de grâce, une autre question.
Avez-vous jusqu'ici vécu sans passion ?
En un mot... franchement, mon cher, êtes-vous vierge ?

SILVIO.

Vierge du cœur à l'âme, et de la tête aux pieds.

LAERTE.

Bon ! je ne hais rien tant que les jeunes roués.
Le cœur d'un libertin est fait comme une auberge ;
On y trouve à toute heure un grand feu bien nourri,
Un bon gîte, un bon lit, — et la clef sur la porte.
Mais on entre aujourd'hui : demain il faut qu'on sorte.
Ce n'est pas ce bois-là dont on fait un mari.
Que tout vous soit nouveau, quand la femme est nouvelle.
Ce n'est jamais un bien que l'on soit plus vieux qu'elle,
Ni du corps ni du cœur. — Tâchez de deviner.
Quel bonheur, en amour, de pouvoir s'étonner !

Elle aura ses secrets, et vous aurez les vôtres.
Restez longtemps enfants : vous nous en ferez d'autres.
Ce secret-là surtout est si vite oublié !

SILVIO.

Si ma femme pourtant croit trouver un roué,
Quel misérable effet fera mon ignorance !
N'appréhendez-vous rien de ces étonnements ?

LAERTE.

Ceci pourrait sonner comme une impertinence.
Mes filles n'ont, monsieur, que de très bons romans.
Ah ! Silvio, je vous livre une fleur précieuse.
Effeuillez lentement cette ignorance heureuse.
Si vous saviez quel tort se font bien des maris,
En se livrant, dans l'ombre, à des secrets infâmes !
Pour le fatal plaisir d'assimiler leurs femmes
Aux femmes sans pudeur dont ils les ont appris !
Ils ne leur laissent plus de neuf que l'adultère.
Si vous étiez ainsi, j'aimerais mieux Irus.
Rappelez-vous ces mots, qui sont dans l'Hespérus :
« Respectez votre femme, amassez de la terre
« Autour de cette fleur prête à s'épanouir ;
« Mais n'en laissez jamais tomber dans son calice. »

SILVIO.

Mon père, embrassez-moi. — Je vois le ciel s'ouvrir.

LAERTE.

Vous êtes, mon enfant, plus blanc qu'une génisse ;
Votre bon petit cœur est plus pur que son lait ;
Vous vous en défiez, et c'est ce qui me plaît.

Croyez-en un vieillard qui vous donne sa fille.
Puisque je vous ai pris pour remplir ma famille,
Fiez-vous à mon choix. — Je ne me trompe pas.

SILVIO.

La lumière s'en va de fenêtre en fenêtre.

LAERTE.

L'heure va donc sonner. — Mon fils, viens dans mes bras.

SILVIO.

Elle se perd dans l'ombre, elle va disparaître.

LAERTE.

Ton rôle est bien appris? Tu n'as rien oublié?

SILVIO.

La lumière s'éteint.

LAERTE.

Bravo! l'heure est venue.
Suivons tout doucement le mur de l'avenue.
Allons, mon cavalier, sur la pointe du pied.

Exeunt.

SCÈNE II

Une terrasse.

NINON, NINETTE, en déshabillé.

NINON.

Que fais-tu là si tard, ma petite Ninette?
Il est temps de dormir. — Tu prendras le serein.

NINETTE.

Je regardais la lune, en mettant ma cornette.
Que d'étoiles au ciel! — Il fera beau demain.

NINON.

Tra deri.

NINETTE.

Que dis-tu?

NINON.

C'est une contredanse.
Tra deri. — Sans amour... Ah! ma chère romance!

NINETTE.

Va te coucher, Ninon; je ne saurais dormir.

NINON.

Ma foi, ni moi non plus.

A part.

Il n'aurait qu'à venir.

NINETTE, chantant.

Léonore avait un amant,
Qui lui disait: Ma chère enfant...

NINON.

Je crains vraiment pour toi que le froid ne te prenne.

NINETTE.

J'étouffe de chaleur.

A part.

Je tremble qu'il ne vienne.

NINON, continuant la chanson.

Qui lui disait: Ma chère enfant...

NINETTE.

Je crois que son dessein est de coucher ici.

NINON.

On monte l'escalier; mon Dieu! si c'était lui!

NINETTE, reprenant.

Léonore avait un amant...

NINON.

Elle ne songe pas à me céder la place.
S'il allait arriver!

NINETTE.

Ma chère sœur, de grâce,
Va-t'en te mettre au lit.

NINON.

Pourquoi? je suis très bien.
Écoute : — promets-moi que tu n'en diras rien;
Je vais te confier...

NINETTE.

Il faut que je t'avoue...

NINON.

Jure-moi sur l'honneur...

NINETTE.

Garde-moi le secret.

NINON.

Tiens; ouvre cette lettre.

NINETTE.

Et toi, lis ce billet.

NINON, lisant.

« Si l'amour peut faire excuser la folie, au nom du
« ciel, ma belle demoiselle, accordez-moi... »

NINETTE, lisant.

« Si l'amour peut faire excuser la folie, au nom du
« ciel, ma chère demoiselle... »

TOUTES DEUX A LA FOIS.

Grand Dieu ! le même nom !

NINETTE.

Ma chère, l'on nous joue !

NINON.

Quelle horreur !

NINETTE.

J'en mourrai.

NINON.

Faut-il être effronté !

NINETTE.

Flora me paiera cher pour l'avoir apporté !

NINON.

Ce beau collier sans doute était sa récompense.
Hélas !

NINETTE.

Hélas !

NINON.

Ma chère, à présent que j'y pense,
C'est lui qui t'a suivie, hier, au parc anglais.

NINETTE.

C'était lui qui chantait.

NINON.
Tu le sais?

NINETTE.
J'écoutais.

NINON.
Je le trouvais si beau!

NINETTE.
Je l'avais cru si tendre!

NINON.
Nous lui dirons son fait, ma chère, il faut l'attendre.

NINETTE.
Je veux bien; restons là.

NINON.
Comment crois-tu qu'il soit?

NINETTE.
Brun, avec de grands yeux. Il n'a pas ce qu'il croit;
Nous allons nous venger de la belle manière.

NINON.
Brun, mais pâle. Je crois que c'est un mousquetaire.
Nous allons joliment lui faire la leçon.

NINETTE.
Bien tourné, la main blanche, et de bonne façon.
C'est un monstre, ma chère, un être abominable!

NINON.
Les dents belles, l'œil vif. — Un monstre véritable!
Quant à moi, je voudrais déjà qu'il fût ici.

NINETTE.
Et le parler si doux! — Je le voudrais aussi.

NINON.

Pour lui dire en deux mots...

NINETTE.

Pour lui pouvoir apprendre...

NINON.

Et l'air si langoureux qu'on pourrait s'y méprendre !...

NINETTE.

Ah ! mon Dieu, quelqu'un vient ; j'ai cru que c'était lui.

NINON.

C'est lui, c'est lui, ma chère.

Silvio entre, le visage couvert de son manteau et l'épée à la main.

NINETTE, voyant qu'il hésite.

Entrez donc par ici !

Irus entre l'épée à la main d'un côté, le duc Laërte de l'autre.

IRUS.

Holà ! quel est ce bruit ?

LAERTE.

Holà ! quel est cet homme ?

Laërte et Silvio croisent l'épée.

IRUS, s'interposant.

Monsieur, demandez-lui s'il est bon gentilhomme.

LAERTE, donnant dans l'obscurité un coup de plat d'épée à Irus.

Non, non, c'est un voleur !

IRUS, tombant.

Aïe ! aïe ! il m'a tué.

Flora jette par la fenêtre un seau d'eau sur la tête d'Irus.

Au secours ! on m'inonde. Ah ! je suis tout mouillé !

Laërte et Silvio se retirent.

NINON.

Qu'est devenu Silvio ?

NINETTE.

Je ne vois pas mon père.

Elles cherchent et rencontrent Irus.

TOUTES DEUX A LA FOIS.

A l'assassin ! au meurtre ! un homme est là par terre.

Elles se sauvent.

IRUS, seul, couché.

Oui, oui, n'attendez pas que j'aille me lever ;
Si je disais un mot, ils viendraient m'achever.

Flora entre dans l'obscurité ; elle rencontre Irus, qu'elle prend pour Silvio.

FLORA.

Êtes-vous là, seigneur Silvio ?

IRUS, à part.

Laissons-la croire.

C'est moi ! Je suis Silvio.

FLORA, reconnaissant Irus.

Vous avez donc reçu
Quelque coup de rapière ? Entrez dans cette armoire.

Elle le pousse dans une fenêtre ouverte.

NINETTE, rencontrant Silvio au fond du balcon.

Entrez dans cette chambre, ou vous êtes perdu.

Elle l'enferme dans sa chambre.

SCÈNE III

Une chambre. — Le point du jour.

IRUS, sortant d'une armoire ; SILVIO, d'un cabinet.

IRUS.
Je n'entends plus de bruit.

SILVIO.
Je ne vois plus personne.

IRUS.
Par la mort-Dieu ! monsieur, que faites-vous ici ?

SILVIO.
C'est une question qui m'appartient aussi.

IRUS.
Ah ! tant que vous voudrez, mais la mienne est la bonne.

SILVIO.
Je vous la laisse donc, en n'y répondant pas.

IRUS.
Eh bien ! moi, j'y réponds. — Si j'y suis, c'est ma place.
Ce n'est pas par-dessus le mur de la terrasse
Que j'y suis arrivé, comme un larron d'honneur.
J'y suis venu, cordieu ! comme un homme de cœur.
Je ne m'en cache pas.

SILVIO.
Vous sortez d'une armoire.

IRUS.
S'il faut vous le prouver pour vous y faire croire,

Je suis votre homme, au moins, mon petit hobereau.

SILVIO.

Je ne suis pas le vôtre, et vous criez trop haut.
Il veut s'en aller.

IRUS.

Par le sang ! par la mort ! mon petit gentilhomme,
Il faut donc vous apprendre à respecter les gens ?
Voilà votre façon de relever les gants !

SILVIO.

Ecoutez-moi, monsieur, votre scène m'assomme.
Je ne sais ni pourquoi, ni de quoi vous criez.

IRUS.

C'est qu'il ne fait pas bon me marcher sur les pieds.
Vive Dieu ! savez-vous que je n'en crains pas quatre ?
Palsambleu ! ventrebleu ! je vous avalerais.

SILVIO.

Tenez, mon cher monsieur, allons plutôt nous battre.
Si vous continuiez, je vous souffletterais.

IRUS.

Mort-Dieu ! ne croyez pas, au moins, que je balance.

LAERTE, dans la coulisse.

Ninette ! holà, Ninon !

IRUS.

C'est le père. — Silence.
Esquivons-nous, monsieur, nous nous retrouverons.
Il rentre dans son armoire, Silvio dans le cabinet.

LAERTE.

Ninon ! Ninon !

NINON, entrant.

Mon père, après l'histoire affreuse
Qui s'est passée ici, j'attends tous vos pardons.
Je n'aime plus Silvio. — Je vivrai malheureuse.
Et mon intention est d'épouser Irus.

Elle se jette à genoux.

LAERTE.

Je suis vraiment ravi que vous ne l'aimiez plus.
Quel roman lisiez-vous, Ninon, cette semaine ?

NINETTE, entrant et se jetant à genoux de l'autre côté.

O mon père ! ô mon maître ! après l'horrible scène
Dont cette nuit nos murs ont été les témoins,
A supporter mon sort je mettrai tous mes soins.
Je hais mon séducteur, et je me hais moi-même.
Si vous y consentez, Irus peut m'épouser.

LAERTE.

Je n'ai, mes chers enfants, rien à vous refuser.
Vous m'avez offensé. — Cependant je vous aime,
Et je ne prétends pas m'opposer à vos vœux.
Enfermez-vous chez vous. — Ce soir, à la veillée,
Vous trouverez en bas la famille assemblée.
Comme vous ne pouvez l'épouser toutes deux,
Irus fera son choix. Tâchons donc d'être belles ;
Il n'est point ici-bas de douleurs éternelles.
Allez, retirez-vous.

Il sort. Ninon et Ninette le suivent.

SCÈNE IV

IRUS, ouvrant l'armoire ; SILVIO.

IRUS.
Vous avez entendu ?
SILVIO.
A merveille, monsieur, et je suis confondu.
Laquelle prendrez-vous ?
IRUS.
Je ne rends point de compte.
SILVIO.
Vous daignerez me dire, au moins, monsieur le comte,
Laquelle des deux sœurs il me reste à fléchir.
IRUS.
Je n'en sais rien, monsieur, laissez-moi réfléchir.
SILVIO.
Ninette vous plaisait davantage, il me semble.
IRUS.
Vous l'avez dit. Je crois que je la préférais.
SILVIO.
Fort bien. Maintenant donc allons nous battre ensemble.
IRUS.
Je vous ai dit, monsieur, que je réfléchirais.
Ils sortent.

SCÈNE V

Le jardin.

LAERTE, seul.

Mon Dieu ! tu m'as béni. — Tu m'as donné deux filles.
Autour de mon trésor je n'ai jamais veillé.
Tu me l'avais donné, — je te l'ai confié.
Je ne suis point venu sur les barreaux des grilles
Briser les ailes d'or de leur virginité.
J'ai laissé dans leur sein fleurir ta volonté.
La vigilance humaine est une triste affaire.
C'est la tienne, ô mon Dieu ! qui n'a jamais dormi.
Mes enfants sont à toi ; je leur savais un père,
J'ai voulu seulement leur donner un ami ; —
Tu les as vus grandir, — tu les as faites belles.
De leurs bras enfantins, comme deux sœurs fidèles,
Elles ont entouré leur frère à cheveux blancs.
Aux forces du vieillard leur séve s'est unie ;
Ces deux fardeaux si doux suspendus à sa vie
Le font vers son tombeau marcher à pas plus lents.
    La nature aujourd'hui leur ouvre son mystère.
Ces beaux fruits en tombant vont perdre la poussière
Qui dorait au soleil leur contour velouté.
L'amour va déflorer leurs tiges chancelantes.
Je te livre, ô mon Dieu ! ces deux herbes tremblantes.
Donne-leur le bonheur, si je l'ai mérité.

On entend deux coups de pistolet.

Qui se bat par ici? Quel est donc ce tapage?
Irus entre la tête enveloppée de son mouchoir, Spadille portant son chapeau, et Quinola sa perruque.

Que diantre faites-vous dans ce sot équipage,
Mon neveu?

IRUS.

Je suis mort. Il vient de me viser.

LAERTE.

Il était bien matin, Irus, pour vous griser.

IRUS.

Regardez mon chapeau, vous y verrez sa balle.

LAERTE.

Alors votre chapeau se meurt, mais non pas vous.
Entrent Ninon et Ninette, toutes deux vêtues en religieuses.

Que nous veut à présent cet habit de vestale?
Sommes-nous par hasard à l'hôpital des fous?

NINON.

Mon père, permettez à deux infortunées
D'aller finir leurs jours dans le fond d'un couvent.

LAERTE.

Ah! voilà ce matin par où souffle le vent?

NINETTE.

Mon père et mon seigneur, vos filles sont damnées.
Elles n'auront jamais que leur Dieu pour époux.

LAERTE.

Voyez, mon cher Irus, jusqu'où va votre empire,
On prend toujours le mal pour éviter le pire.
Mes filles aiment mieux épouser Dieu que vous.

Levez-vous, mes enfants ; — je suis ravi, du reste,
De voir que vous aimez Silvio toutes les deux.
Rentrez chez moi. — Ce jour doit être un jour heureux.
Et vous, mon cher garçon, allez changer de veste.

IRUS.

Ai-je du sang sur moi ? Mon oreille me cuit.

SPADILLE.

Oui, monsieur.

QUINOLA.

Non, monsieur.

IRUS.

Je me suis bien conduit.

Exeunt.

SCÈNE VI

La terrasse.

NINON, SILVIO, sur un banc.

SILVIO.

Ecoutez-moi, Ninon, je ne suis point coupable.
Oubliez un roman où rien n'est véritable
Que l'amour de mon cœur, dont je me sens pâmer.

NINON.

Taisez-vous ; — j'ai promis de ne pas vous aimer.

SILVIO.

Flora seule a tout fait par une maladresse.
Les billets d'hier soir portaient la même adresse,

C'est en les envoyant que je me suis trompé ;
Le nom de votre sœur sous ma plume est tombé.
Le vôtre de si près, comme vous, lui ressemble !
La main n'est pas bien sûre, hélas ! quand le cœur tremble,
Et je tremblais ; — je suis un enfant comme vous.

NINON.

De quoi pouvaient servir ces deux lettres pareilles ?
Je vous écouterais de toutes mes oreilles,
Si vous ne mentiez pas avec ces mots si doux.

SILVIO.

Je vous aime, Ninon, je vous aime à genoux.

NINON.

On relit un billet, monsieur, quand on l'envoie.
Quand on le recopie, on jette le brouillon.
Ce n'est pas malaisé de bien écrire un nom.
Mais comment voulez-vous, Silvio, que je vous croie ?
Vous ne répondez rien.

SILVIO.

Je vous aime, Ninon.

NINON.

Lorsqu'on n'est pas coupable on sait bien se défendre.
Quand vous chantiez hier de cette voix si tendre,
Vous saviez bien mon nom, je l'ai bien entendu.
Et ce baiser du parc que ma sœur a reçu,
Aviez-vous oublié d'y mettre aussi l'adresse ?
Regardez donc, monsieur, quelle scélératesse !
Chanter sous mon balcon en embrassant ma sœur !

SILVIO.

Je vous aime, Ninon, comme voilà mon cœur.
Vos yeux sont de cristal, — vos lèvres sont vermeilles
Comme ce ciel de pourpre autour de l'occident.
Je vous trompais hier, vous m'aimiez cependant.

NINON.

Que voulez-vous qu'on dise à des raisons pareilles?

SILVIO.

Votre taille flexible est comme un palmier vert;
Vos cheveux sont légers comme la cendre fine
Qui voltige au soleil autour d'un feu d'hiver.
Ils frémissent au vent comme la balsamine;
Sur votre front d'ivoire ils courent en glissant,
Comme une huile craintive au bord d'un lac d'argent.
Vos yeux sont transparents comme l'ambre fluide
Au bord du Niémen; — leur regard est limpide
Comme une goutte d'eau sur la grenade en fleurs.

NINON.

Les vôtres, mon ami, sont inondés de pleurs.

SILVIO.

Le son de votre voix est comme un bon génie
Qui porte dans ses mains un vase plein de miel.
Toute votre nature est comme une harmonie;
Le bonheur vient de vous comme il vous vient du ciel.
Laissez-moi seulement baiser votre chaussure;
Laissez-moi me repaître et m'ouvrir ma blessure.
Ne vous détournez pas; laissez-moi vos beaux yeux.
N'épousez pas Irus, je serai bien heureux.

Laissez-moi rester là, près de vous, en silence,
La main dans votre main passer mon existence
A sentir jour par jour mon cœur se consumer...

NINON.

Taisez-vous; — j'ai promis de ne pas vous aimer.

SCÈNE VII

Un salon.

LE DUC LAERTE, assis sur une estrade ; IRUS, à sa droite, en habit cramoisi et l'épée à la main ; SILVIO, à sa gauche ; SPADILLE, QUINOLA, debout.

LAERTE.

Me voici sur mon trône assis comme un grand juge.
L'innocence à mes pieds peut chercher un refuge.
Irus est le bourreau, Silvio le confesseur..
Nous sommes justiciers de l'honneur des familles.
Chambellan Quinola, faites venir mes filles.

Ninon et Ninette entrent, habillées en bergères.

NINON.

C'est en mon nom, grand duc, comme au nom de ma sœur,
Que je viens déclarer à votre Seigneurie
L'immuable dessein que nous avons formé.

LAERTE.

Voilà l'habit claustral galamment transformé.

NINETTE.

Nous vivrons loin du monde, au fond d'une prairie,

A garder nos moutons sur le bord des ruisseaux.
Nous filerons la laine ainsi que vos vassaux.
Nous renonçons au monde, au bien de notre mère.
Il nous suffit, seigneur, qu'une juste colère
Vous ait donné le droit d'oublier vos enfants.
LAERTE.
Vous viendrez, n'est-ce pas, dîner de temps en temps?
NINETTE.
Nous vous demanderons un éternel silence.
Si notre séducteur vous brave et vous offense,
Notre avis, monseigneur, est d'en écrire au roi.
LAERTE.
Le roi, si j'écrivais, me répondrait, je croi,
Que nous sommes bien loin, et qu'il est en affaire.
Tout ce que je puis donc, c'est d'en écrire au maire,
Et c'est ce que j'ai fait, car il soupe avec nous.
Il entre un maire et un notaire. — A Ninon.
Allons, mon Angélique, embrassez votre époux;
A Ninette
Il ne s'en ira point, ne pleurez pas, Ninette.
Embrassez votre frère, il est aussi le mien.
A Irus.
Et vous, mon cher Irus, ne baissez point la tête;
Soyez heureux aussi; — votre habit vous va bien.

Septembre 1832.

FIN DU TOME PREMIER.

TABLE

DU TOME PREMIER

Au Lecteur	1
Quand je t'aimais	2
Venise	3
Stances	7
Don Paez	9
Les Marrons du feu	31
Portia	85
L'Andalouse	107
Le Lever	110
Madrid	112
Madame la Marquise	114
Au Yung-Frau	117
A Ulric Guttinguer	118
Sonnet	119
Ballade a la Lune	120
Mardoche	127
Le Saule	157
Les Vœux stériles	189
Octave	196

Secrètes Pensées de Rafael............................	200
Chanson...	206
A Pépa..	207
A Juana...	209
Suzon...	213
A madame Ménessier....................................	225
A Julie...	226
A Laure...	228
A Édouard Bocher......................................	230
A Alfred Tattet.......................................	232
La Coupe et les Lèvres................................	235
A quoi rêvent les jeunes filles.......................	317

FIN DE LA TABLE DU TOME PREMIER

Imprimeries réunies, B, rue Mignon, 2.

www.ingramcontent.com/pod-product-compliance
Lightning Source LLC
Chambersburg PA
CBHW070845170426
43202CB00012B/1957